이현석의 입이 트이는 영어 최고의 스피킹 60

EBS 영어학습 시리즈

이현석의 입이 트이는 영어, 최고의 스피킹 60 – 여가생활 편

1판 1쇄 발행 2022년 7월 15일
1판 4쇄 발행 2023년 11월 16일

지은이 이현석
펴낸이 김유열
편성센터장 김광호 | **지식콘텐츠부장** 오정호 | **지식출판부 · 기획** 장효순, 최재진, 서정희
마케팅 최은영 | **제작** 정봉식 | **북매니저** 윤정아, 이민애, 정지현, 경영선

편집대행 롱테일북스 | **책임편집** 김보경 | **디자인** 박새롬 | **인쇄** 우진코니티

펴낸곳 한국교육방송공사(EBS)
출판신고 2001년 1월 8일 제2017-000193호
주소 경기도 일산시 일산동구 한류월드로 281
대표전화 1588-1580
홈페이지 www.ebs.co.kr

ISBN 978-89-547-9982-9(14740)
978-89-547-5387-6(세트)

EBS
영어 학습
시리즈

이현석의 입이 트이는 영어 최고의 스피킹 60 2

여가생활 편

이현석 지음

EBS BOOKS

영어 스피킹 초밀리언셀러

EBS FM 어학 방송 대표 스피킹 프로그램

15년간 출간된 〈입이 트이는 영어〉 180권의 핵심 중의 핵심!

〈일상생활 편〉〈여가생활 편〉〈취미생활 편〉〈한국문화 편〉〈시사이슈 편〉
총 5권의 시리즈 단행본!
180권 4,300개의 〈입트영〉 최고의 스피킹 주제 300개 엄선!
300개 주제 설명 스크립트, 300개 대화문 수록!
EBS FM 중급 스피킹 진행자 이현석의 15년 원고 집대성!

왜 〈입이 트이는 영어〉에 열광하는가?

지난 15년간 EBS FM의 명실공히 **대표 영어 스피킹 프로그램 〈입트영〉은 한국인에게 가장 최적화된 영어 콘텐츠를 제공**하기 위해 노력해 왔다. 한국 사람들이 일상에서 가장 많이 접하는 생활 밀착형 주제를 원어민의 영어에 가장 가깝게 표현하는 것을 목표로 삼아왔다.

스피킹 영역은 자신이 하고 싶은 말을 하는 것이므로, **스피킹 주제는 무엇보다 평소에 우리가 하고 싶은 말과 주제여야 학습에 더 효과적**이다. 예를 들어, 우리나라에서는 술을 마시면, 대리운전을 부르게 되는데, 이러한 대리운전의 개념은 외국에서는 생소한 개념일 수 있다. 그러나 한국 사람들은 대리운전을 이용한 경험을 영어로 설명하고 싶어 한다. 퀵서비스도 마찬가지이다.

이처럼 **한국 사람들에게 최적화된 스피킹 주제는, 지난 15년간 180권의 4,300개 주제**에 담아 월간지로 출간이 되어왔고, 지금도 출간되고 있다. 〈입이 트이는 영어〉 진행자 이현석과 원어민 집필진은 한 권의 월간지 원고를 집필하는 데 월 평균 100시간 이상의 공을 들인다. 지금까지 대략 18,000시간 이상을 집필하는 데 공들인 셈이다.

〈입이 트이는 영어〉 주제는 청취자/독자가 직접 선정한다!

지금까지 〈입트영〉에 수록된 모든 주제는 청취자/독자들이 직접 선정했다. 한 달에도 40~50개의 주제가 **〈입트영〉 방송 홈페이지 주제 신청 게시판**에 올라온다. 이러한 주제들은 생활 밀착형 주제, 한국 문화 주제, 시사 이슈 주제 등을 총망라한다. 저자인 이현석은 청취자/독자가 신청한 주제를 단 한 개도 빼놓지 않고 읽어 보고, 책에 반영한다.

청취자/독자는 본인이 신청한 주제가 매달 책에 실리는 것을 보고, **영어 표현에 대한 궁금증을 해소시키고, 매우 큰 성취감과 만족감을 느끼게 된다.** 말 그대로 청취자/독자가 지난 15년간 함께 힘을 모아 〈입트영〉 책들을 집필해 온 격이다. 이것이 수십만 명의 애청자들이 〈입트영〉에 열광하는 이유이다. 이렇게 영어 학습 주제를 독자들이 직접 선정하고, 책의 내용이 100% 그 주제들로 구성되는 영어 교재는 대한민국에서 〈입트영〉이 유일하다고 할 수 있다.

누가 〈입이 트이는 영어〉를 이용하는가?

〈입트영〉의 독자와 이용자 층은 말 그대로 **전 국민 남녀노소**이다. 영어를 처음 접하는 초등학생, 유학을 준비하는 유학 준비생, 영어 말하기 시험을 준비하는 취준생, 아이를 키우는 엄마, 직장 생활을 하는 회사원, 퇴직을 하고 취미로 영어 공부를 하는 어르신 등 매우 다양하다. 〈입트영〉 방송 홈페이지에 들어가면 방송을 듣고 공부하는 모습을 담은 수많은 인증샷과 사연이 올라와 있다.

전국에 〈입트영〉을 교재로 **그룹 스터디 모임**을 하는 스터디 그룹은 대략 1,000여 개 이상으로 추정된다. 매월 새로운 주제의 내용이 나오고, 특히 한국 사람들에게 와닿는 내용의 영어 스피킹 표현들을 엄선하여 제시하고 있기 때문에, 주제별 영어 스피킹을 위한 스터디 교재로 쓰기에 안성맞춤이다.

〈입이 트이는 영어〉 저자 이현석과 카카오톡 실시간 소통!

〈입트영〉의 저자 이현석은 청취자/독자와 **소통을 잘한다고 정평**이 나 있다. **〈입트영〉 카카오톡 오픈 단톡방**에서 매일 청취자와 소통하고 있고, 단톡방에 올라오는 영어 질문에 대해 정성을 다해 직접 답변을 한다. 하루에도 적게는 50개에서 많게는 100개 이상의 질문이 단톡방에 올라온다. 전국을 대상으로 하는 방송 진행자가 이렇게 실시간 소통을 단톡방에서 매일 할 수 있을까 하는 의문을 많은 사람이 가지지만, 저자 이현석은 이렇게 이야기한다.

"이러한 소통이 없었다면 지금의 〈입트영〉은 없었을 것입니다!"

오픈 단톡방의 최대 정원이 1,500명이어서 이미 하나의 단톡방은 정원이 마감된 상태이고, 두 번째, 세 번째 단톡방을 만들어서 지금도 소통 중이다. 다음은 〈입트영〉 단톡방 참여 방법이다.

1 오디오 강의 청취

QR 코드를 찍어, 이현석 선생님의 Day별 주제에 대한 소개와 핵심 표현을 설명하는 인트로 강의를 듣는다.

2 Today's TOPIC: 주제와 관련된 내용 숙지

해당 주제에 대한 한국어 해석을 미리 읽고, 영어로 어떤 말을 할지 스스로 브레인스토밍해 본다.

Today's TOPIC 1st

소셜 미디어(SNS)는 사람들이 소통하는 방법을 크게 바꾸어 놓았다. 일단, 지인들의 근황을 포스팅을 통해서 살펴볼 수 있다. 그리고 메시지를 통해서 서로 대화를 나눌 수도 있다. 요즘은 사람들이 영상을 올리는 빈도도 훨씬 높아졌다. 더불어, 라이브 방송처럼 영상을 송출하는 기능도 매우 인기이다.

3 KEY EXPRESSIONS: 핵심 표현과 어휘 암기

해당 주제의 스피킹에 필요한 핵심 표현과 어휘를 미리 보며 암기한다.

KEY EXPRESSIONS

game-changer 혁신적인 것
be up to ~하고 지내다
have a conversation 대화를 나누다
advertising platform 광고 플랫폼
target the consumers 고객을 겨냥하다
not all roses 좋은 면만 있는 것은 아닌
a high risk of ~의 높은 위험성
privacy infringement 사생활 침해
be exposed to ~에게 노출되다
sticking point 단점, 어려운 문제
personal information 개인 정보
be leaked 유출되다

4 SPEECH PRACTICE: 본문 내용을 반복해서 청취

음원으로 본문 내용을 최소 5차례 들어보며 반복 청취한다. 한 문장씩 따라 읽고, 전체 지문을 통 암기하여 낭송 연습을 한다.

SPEECH PRACTICE

Social media has been a **game-changer** in the way people communicate. Users can see what people they know **are up to** through their posts. They can also 001 have conversations through messages. People also upload videos more frequently these days. The feature to send out live broadcasts is also popular.

5 PATTERN PRACTICE: 핵심 패턴 연습

해당 주제별로 제시되는 세 가지 핵심 패턴과 활용 문장을 숙지하고 연습한다.

PATTERN PRACTICE

001 **have a conversation** 대화를 나누다

Users can have conversations through messages.
이용자는 메시지를 통해서 서로 대화를 나눌 수 있다.

It was so noisy that we couldn't even have a conversation.
너무 시끄러워서 대화조차 할 수 없었다.

6 DIALOGUE PRACTICE: 대화문 청취 및 연습

음원으로 해당 주제와 관련된 대화문을 최소 5차례 청취한다. 한 줄씩 따라 말하고, 파트너와 대화를 주고받으며 연습한다.

DIALOGUE PRACTICE

A Are you **on social media**?
B I have an account, but I don't **post things** very often.
A So, you just **browse through** what other people post?
B Yeah. Sometimes I **click 'like'** or **post comments**.
A I personally love reading the comments people leave on my

7 COMPOSITION PRACTICE: 영작 훈련

마지막으로 해당 주제의 핵심 표현을 이용하여 그날의 영작 훈련을 한다. 영작을 하고 나서는 반드시 정답 문장과 비교해 보고, 정확한 문장을 학습한다.

COMPOSITION **PRACTICE**

1 딸이 좀 커서 이제 우리와 대화를 이어나갈 수 있다. (have a conversation)

2 쉬운 줄 알았는데, 순조롭지만은 않았다. (not all roses)

3 그 호텔의 단점은 위치다. (sticking point)

4 요즘 유명인 대부분은 소셜미디어를 사용한다. (be on social media)

ANSWERS
1. Our daughter is old enough now to **have a conversation** with us.
2. We thought it would be easy, but it was **not all roses.**
3. The location of the hotel is the **sticking point.**
4. Most celebrities **are on social media** these days.

8 PATTERNS PRACTICE: 핵심 패턴 180

책의 뒷부분에 본문의 핵심 패턴 180개와 이 패턴을 활용한 문장 540개를 부록으로 제공한다. 한국어를 보고 영어로 바로 말하는, 순간 말하기 훈련에 활용한다.

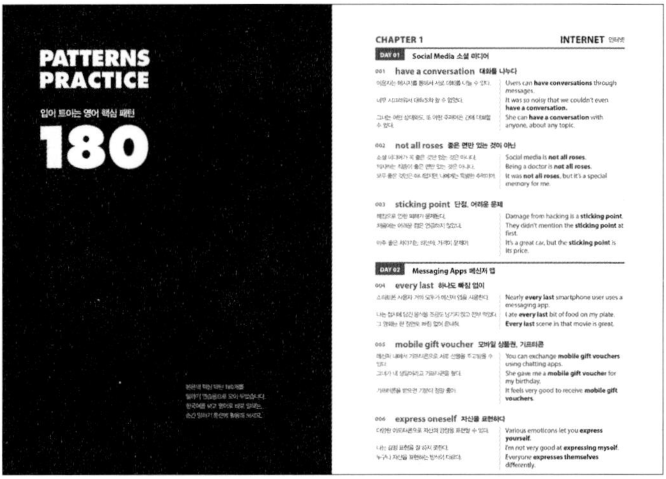
PATTERNS PRACTICE

입이 트이는 영어 핵심 패턴

180

CHAPTER 1 INTERNET

DAY 01 Social Media 소셜 미디어

001 have a conversation 대화를 나누다
Users can **have conversations** through messages.
It was so noisy that we couldn't even **have a conversation.**
She can **have a conversation** with anyone, about any topic.

002 not all roses 좋은 면만 있는 것이 아닌
Social media is **not all roses.**
Being a doctor is **not all roses.**
It was **not all roses**, but it's a special memory for me.

003 sticking point 단점, 어려운 문제
Damage from hacking is a **sticking point.**
They didn't mention the **sticking point** at first.
It's a great car, but the **sticking point** is its price.

DAY 02 Messaging Apps 메신저 앱

004 every last 하나도 빠짐 없이
Nearly **every last** smartphone user uses a messaging app.
I ate **every last** bit of food on my plate.
Every last scene in that movie is great.

005 mobile gift voucher 모바일 상품권, 기프티콘
You can exchange **mobile gift vouchers** using chatting apps.
She gave me a **mobile gift voucher** for my birthday.
It feels very good to receive **mobile gift vouchers.**

006 express oneself 자신을 표현하다
Various emoticons let you **express yourself.**
I'm not very good at **expressing myself.**
Everyone **expresses themselves** differently.

60 DAYS

THE BEST SPEAKING TOPICS IN LEISURE LIFE

〈입이 트이는 영어〉를 먼저 경험한 청취자/독자의 추천사를 소개합니다

전국에 낭독 열풍을 불러일으킨 〈입트영〉 단행본

영어 공부 좀 한다는 대한민국 청년이라면 누구나 안다는 그 입트영을, 저는 작년에서야 우연히 서점에서 알게 되었습니다. 〈입이 트이는 영어 최고의 스피킹 60〉이란 초록색 표지에, 얼마 전에 클럽하우스에서 영어로 토론하시던 '그' 이현석 선생님 사진이 있는 게 아니겠어요? 반가운 마음에 집어 들었습니다.

내용을 살펴보니 제가 그동안 그토록 찾아 헤매던 딱 그런 영어 교재였습니다. 저는 전공이었던 중국어를 공부할 때 낭독의 힘을 경험했습니다. 그래서 영어 역시 낭독이 답이라는 생각으로 공부해 왔지만, 늘 '낭독할 재료'가 아쉬웠습니다. 그런데 입트영 단행본, 이 책은 보자마자 '아, 이 책 낭독 프로젝트로 하고 싶다'란 생각이 들었습니다.

첫째, 지문의 길이가 제 마음에 쏙 들었습니다. 1분 안쪽으로 낭독할 수 있습니다.
둘째, 생활 밀착형 내용이었습니다. 내 일상, 주변에 대해서 영어로 말하는 것이 가장 실용적인 연습인데, 대부분의 영어 회화 교재는 '작위적'인 내용이 많습니다. 반면, 이 책의 주제는 신기할 정도로 '실제적'이었습니다.
셋째, 현석 선생님의 5분 강의 파일이 보물 같았습니다. 이 강의 파일이면 영어 초보자도 겁 없이 도전할 수 있어요.
넷째, 60과로 구성된 것도 신의 한 수입니다. 언어 공부는 루틴으로 만들어야 한 계단 한 계단 성장할 수 있는데 60개면 날마다 1과씩, 3개월 동안 낭독하면 완주할 수 있습니다.

모든 것이 낭독하기에 완벽한 교재였습니다. 바로 SNS 공지를 통해 낭독 챌린지를 시작했어요. 3,000명 이상의 낭독인들과 함께 3개월, 6개월, 1년 이상 달리는 놀라운 체험을 하게 되었습니다. 무엇보다 낭독의 즐거움과 파워를 경험하시는 분들이 늘어가는 것이 기뻤습니다. 바로 이 입트영이란 책이 가진 힘으로 그런 일이 가능했습니다. 2

권이 나오기를 손꼽아 기다린 사람은 저뿐만이 아닐 것입니다. 새로 출간되는 2권으로 또 다른 3개월, 6개월, 9개월 낭독 챌린지를 할 생각을 하니 벌써 설레네요. 입트영 사연 중 the cream of the crop을 모으고 다듬어 2권을 만들어 주신 현석 선생님의 노고에 다시 한번 감사드리고, 2권 출간을 온 마음으로 축하합니다!

입트영 낭독 천사 새벽달

왕도가 없는 영어 공부, 〈입트영〉으로 꾸준히 공부합니다

코로나 때문에 맘대로 나가지도 못하는 우울한 시국, 입트영과 재미있게 낭독하며 지금까지 즐겁게 영어 공부를 매일매일 즐기고 있습니다. 다양한 주제와 현실감 있는 생생한 표현, 피부에 와닿는 유용한 표현을 배워 나가는 재미가 있어요. 같이 공부하는 재미를 뒤늦게나마 깨달아서 주위에도 널리 알리며 지금은 영어를 루틴으로 즐기고 있습니다. 몸도 마음도 늘 건강하게 지키려고 꾸준히 입트영으로 계속해서 열공할게요.

영어 공부에는 왕도가 없는 것 같아요. 천천히 가더라도 꾸준히 매일, 숨 쉬듯 그렇게 늘 함께하는 공부, 그게 저에겐 최선입니다. 앞으로도 최소 30년 계속 열공뚠뚠 화이팅하며 즐거운 노년 생활 해외여행 다니며 외국인 친구들과 자유롭게 즐겁게 이야기하는 날을 꿈꿔 봅니다♥

일 년째 입트영으로 낭독하며 재미있게 노는 애청자 쥴리아

쇼핑몰 장바구니가 입트영 신간을 애타게 기다립니다

♥입트영 단행본 2권 (여가생활 편)♥이 드디어 출간을… 너무너무 기다렸습니다! 첫째, 입트영 단행본 1권을 살펴본 순간~ 맘에 쏙 들어 구매하여 소장하고 있습니다. 둘째, 낭독 챌린지를 해 보신 분 → 올해는 틈틈이 단행본 낭독도 하고 있습니다. 셋째. 단행본으로 스터디를 해보신 분 → 현재 클하로 스피킹 스터디 중입니다. 마지막으로, 입트영 월간지를 열정적으로 현재 공부하고 계신 분 → 열정 빼면 팥 없는 단팥빵~ 열심히 스터디하며 낭독도 합니다.

입트영 여가 편으로 여가생활과 관련된 표현을 배워서 앞으로 실생활에 활용할 수 있을 것 같아요!

입트영 프로 리스너가 되고 싶은 본방사수방 '가영'

이직하기 위해 시작한 영어 공부, 많은 사람의 추천으로 시작한 〈입트영〉

저는 매일 아침 출근길 많은 에너지를 받고 있습니다. 입트영을 들으면서 평소에 알고 싶었던 실생활에 가까운 영어 문장을 알게 되었고, 다양한 우리의 사연을 통해서 많은 것을 배우고 느끼고 있습니다.

선생님들의 정성스러운 강의, 그리고 함께 공부하고 있는 수많은 사람 덕분에 즐거운 아침이 시작되었습니다. 고작 1년이라는 시간 동안 입트영과 함께 했고 앞으로도 오래오래 함께하고 싶습니다.

워킹맘이자 입트영 애청자, 혜원 엄마

영어를 능숙하게 하고 싶으신가요? 〈입트영〉을 통해 변화해 보세요!

어렸을 때부터 영어를 좋아했지만, 실질적인 영어 회화에 대한 콘텐츠는 늘 부족했던 것 같아요. 입이 트이는 영어를 접하고 나서는 재미있는 영어를 내 실력으로 키워 가는 것이 삶의 큰 무기가 될 수 있다는 것을 자연스레 알게 되었어요. 영어를 통해 외국인 친구들을 사귀게 되고 입트영을 통해 배운 표현으로 소통하며 더 좋은 인간관계를 깨우칠 수 있었어요. 또한 영어라는 매개체를 통해 글로벌 업무를 담당하게 되는 계기를 얻게 되었어요. 본인의 업무에 영어를 더 할 수 있는 즐거움, 그 기초를 입이 트이는 영어로 발견해 보세요!

현석 선생님이 제공하시는 최고의 스피킹 노하우. 저만 알고 싶은데, 괜찮으시겠어요? ;)

과학의 도시 대전 글로벌 지원 담당자 최봉림

내 영어 인생의 전환점이 되어준 〈입트영〉 단행본

현석 쌤의 입트영 단행본이 출간된다고 했을 때, 얼마나 기대가 컸는지 모릅니다.
제 영어 실력을 중급으로 향상하게 도와준 입트영 방송의 주옥같은 사연이 주제별로 집대성된다는 소식에 흥분을 감출 수가 없었습니다. 1권을 받자마자, 너무나도 훌륭한 구성을 보고 놀라움과 함께 2권을 빨리 만나고 싶다는 기대감이 들었죠. 이제 그 길고 길었던 기다림 끝에 드디어 2권이 출간된다는 소식에 마구 설레기 시작했습니다.

입트영 단행본이 처음 출간되었을 때 우리 지역 영어스터디 '맘스스토리' 멤버들과 낭독과 암기, 그리고 주제 질문 프리토킹까지 연결하며 스터디를 진행했습니다. 중간에 낭독 챌린지까지 함께 시작하면서, 제 영어 인생에 큰 전환점을 만나게 되었습니다. 스터디 멤버들, 인스타그램의 낭독 친구들과 함께 낭독 챌린지를 하면서 우정을 뛰어넘는 끈끈한 내적 친밀감을 느꼈고, 갑갑하게 가로막고 있던 영어 장애물을 하나 뛰어넘는 경험을 하게 되었습니다. 그야말로 영어 까막눈이 떠지고, 귀가 뚫리고, 입이 조금씩 트여가는 기적 같은 순간을 맞이하게 되었습니다.

입트영은 나 혼자 하는 공부가 아닙니다. 늘 청취자들과 소통하면서 좋은 방송으로 이끌어주시는 현석 쌤의 피드백을 받으며 공부할 수 있습니다. 매일 아침 본방 사수하는 친구들과 서로 응원하며 공부 루틴을 유지할 수 있습니다. 입트영으로 공부하는 스터디 그룹도 많이 있습니다. 초급에서 중급으로 넘어가고자 하시는 분들께 최적의 스피킹 교재입니다.

입트영 단행본 2권 출간을 축하드리며, 빨리 서점에서 구매할 수 있는 그날이 오길 손꼽아 기다립니다. 현석 쌤, 제니퍼 쌤 늘 감사합니다♥

아산에서 맘스스토리 리더 레이첼

문화로, 생활로 말하고 즐길 수 있는 콘텐츠 〈입트영〉

입트영을 시작한 지 5개월째 되는 병아리 청취자입니다. 새해 영어 공부를 하고 싶었는데 입트영 덕분에 드디어 시작했습니다. 정확히 읽는 연습을 매일(?) 하니 오물거리던 발음이나 입 모양이 좋아졌어요. 청취 실력이 덩달아 늘어서 영화관에 가서도 더 신나게 관람하게 되었어요 ㅋ 새벽에 일어나서 본방을 들으니 덩달아 알람도 필요 없게 되는 장점까지 생겼네요. 아이들도 엄마 토크북 왜 오늘 안 하냐고 얼른 공부하라고 ㅋ

영어를 어렵고 골치 아프게 공부해야 하는 과목이 아닌 문화로, 생활로 말하고 즐길 수 있는 좋은 콘텐츠를 만들어 주신 입트영 제작진, 현석 쌤, 제니퍼 쌤 정말 감사드립니다. 어렵게 여러 채널 돌면서 고민했던 지난날이 아깝네요~ 하나라도 꾸준히 시작할 기회를 놓치지 마시길 바랍니다.^^

입트영 병아리 임보영

아침을 힘차게 시작하는 습관 〈입트영〉

입트영을 시작한 지 1년이 되어갑니다. 낭독으로 가볍게 시작했던 일이 이제는 아침을 힘차게 시작하는 습관이 되었어요. 특히 본방 사수하면서 함께 방송을 듣는 다른 분들과 소통하는 단톡방이 공부에 활력을 주네요! 입트영 교재의 최고 장점은 우리가 하고 싶은 대화 소재를 원어민의 자연스러운 표현으로 알 수 있고 실생활에 바로 적용할 수 있다는 점입니다. 앞으로 2권, 3권… 100권까지 나오면 좋겠어요. 입트영 화이팅!!!

입트영 본방사수자 부키버니

하루의 시작을 알차게 채우는 〈입트영〉

육아 휴직을 끝내고 복직하면서 일과 육아만 하는 지친 일상을 지내다가 새로운 돌파구를 찾게 되었습니다. 그러다 영어 공부, 그중에서도 짧은 시간 즐겁게 공부할 수 있는 입트영을 알게 되었습니다. 아침에 일어나자마자 본방송을 챙겨서 듣기 시작했고, 출근길에 낭독 연습을 하면서 가면서 하루의 시작을 알차게 채우기 시작했습니다.

너무 쉽지도 않고, 너무 어렵지도 않으면서도 실생활에서 쓰기 좋은 내용이 저에게 찰떡입니다. 청취자들의 사연으로 만들어가는 내용이라 생활 밀착형 표현이 나오기도 하고, 매일 다양한 주제를 만나며 새로운 생각과 도전을 하게 됩니다.

영어를 보다 보면 영어를 한국어로 바꾸는 것만 생각하게 되는데, 입트영은 말 그대로 입이 트일 수 있게 한국어를 영어로 바꾸는 것에 초점이 맞추어져 있어서, 우리말 표현을 원어민 선생님이 어떻게 바꿔주셨는지 확인하게 됩니다.

원서를 읽거나 영화를 보거나 영어를 만나게 되는 곳곳에서 입트영에서 알게 된 표현을 마주칠 때면 정말 뿌듯하고 즐겁습니다. 많은 분이 입트영을 들으며 영어의 즐거움을 맛보시길 바랍니다!

입트영으로 아침을 시작하는 김유나

〈입트영〉을 만나고, 나에게 grit(끈기)이 생겼어요

입트영을 만난 지 일 년이 되어 가네요. 영어 유목민이었는데 입트영을 만나고 정착했어요. 입트영의 힘이라고 생각합니다.

우리 생활에서 친밀하게 접할 수 있는 다양한 소재를 영어로 이야기해 주니 매일매일 새로워서 지루할 틈이 없어요. 영어 표현도 겹치지 않게 늘 다른 표현으로 채워 주시니, 원어민스럽게 표현하는 방법을 배웁니다. 실제로 영화나 미드를 보다가 "어~~ 입트영에서 나왔던 표현"이라고 무릎을 '탁' 친 적이 한두 번이 아닙니다.

입트영에서 새로운 영어 표현이 포크레인으로 땅을 파내듯이 쏟아져 나오니 늘 새로운 마음으로 기대하며 듣고 있어요.^^ 감사합니다.

입트영 때문에 영어 그릿이 생긴 김희정

〈입트영〉은 제 인생의 터닝 포인트가 되었어요

때마침 딱 40세가 되던 해부터 시작했고, 20년을 영포자로 영어와 담쌓고 살았던 저에게 영어의 매력을 느끼게 해 줬어요. 십수 년을 바쁜 직장인으로 살다가 한순간에 주부로서의 삶을 살기란 꽤 큰 고통도 있었습니다. 입트영이 루틴을 만들 계기를 마련해 주었어요. 1년 넘게 낭독까지 하는 나 자신이 너무 대견합니다.

게다가 입트영은 연고도 없는 제주라는 섬에서 문득문득 느끼는 외로움을 달래준 친구이자 따뜻한 안식처 같은 존재입니다. 입트영으로 또 많은 분과 교류하게 되어서 더없이 풍요로운 일상을 만들 수 있었습니다. 청취자가 함께 만들어 가는 방송이라 그런지 더 친근하고 사연 하나하나 너무 소중합니다.

두 번째 단행본 출간 소식을 진심으로 축하드리며 오늘도 행복한 일상 만드시길 바랄게요!! 선생님들께 또 한번 감사드립니다♥

입트영을 사랑하는 김영경

취준생의 하루를 책임진 〈입트영〉

취업 준비생이었을 때 입트영을 처음 만났습니다. 취업에 성공한 친구들과 자신을 비교하게 되면서 자존감이 낮아졌는데, 루틴이 있으면 하루를 버티기가 수월할 것 같아 입트영을 시작하게 되었어요. 매 챕터마다 현석 쌤의 5분 핵심 강의가 있어서 혼자서도 충분히 공부할 수 있었고, 원어민 파일을 들으며 억양과 청킹에 신경 쓰며 낭독하다 보면 알찬 1시간을 채울 수 있었어요.

취준생의 하루를 열어주던 현석 쌤의 목소리 덕분에 지금은 1년 차 직장인이 되었습니다. 이제는 출근 전 입트영을 공부하며 하루의 시작을 현석 쌤과 함께하고 있어요! 저의 하루를 바꿔준 입트영과 현석 쌤, 감사합니다 :–)

취준생의 하루를 책임진 〈입트영〉

〈입트영〉 단행본 3회 낭독 해봤니?
〈입트영〉 단행본은 '국민 영어 교과서'

저는 2021년 입트영 단행본으로 낭독프로젝트에 참여했습니다. 일상생활에 지쳤을 때 자신감을 많이 받은 단행본이에요. 입트영 월간지는 실제 청취자분들이 신청하신 사연을 토대로 주제를 다룹니다. 몇 번의 정제 작업을 거쳐 완성한 단행본이기에 군더더기 없고 깔끔합니다. (참고로 이현석 선생님께서는 REAL SPEAKING English도 출간하신 적 있고, 매달 OPIc 시험을 직접 응시하시는 OPIc의 신입니다.)

저는 단행본을 이렇게 공부했습니다.

1. TOPIC 및 한국어 내용 확인
2. 이현석 선생님께서 별도로 제작한 상단 QR코드 강의를 듣는다. (1분 내외)
3. 한국어로 어떻게 옮기면 좋을지 혼자 생각해 본다.
4. 본문 하단 WORD와 PAGE 3의 PATTERN PRACTICE를 본다.
5. 원어민의 발음을 들으며 청킹, 강세 등을 표시한다.

저는 현재 대학교에서 교육 행정 업무를 하고 있습니다. 한국인이 주 고객이다 보니 영어를 사용할 일이 전혀 없었지만, 영어를 하고 싶고 좋아하는 마음에 단행본 1권을 접하게 되었습니다. 간혹 국제교류센터 업무를 진행하거나 교류 학생, 영어 원어민 교수님과 상대할 기회가 있었는데 그때마다 톡톡히 덕을 보았습니다. 단행본 1권 Health(건강) 건강검진편에 있는 colonoscopy, gastroscopy 등은 평범한 직장인이 접하고 발음해보기 어려운데 입트영 낭독을 통해 알게 되었습니다. (이후에 병원에 갔다가 위 단어들을 의사 선생님께서 쓰시는 것을 보고 깜짝 놀라면서도 단어를 알아본 저 자신이 뿌듯했어요.)

입트영 단행본 추천 대상은 '국민 누구나'입니다. 남녀노소를 불문하고 다양한 주제를 영어로 말하고 싶은 분이라면 추천해 드립니다. 특히 OPIc 시험 대비를 위해 평소 상식 대비로 알아두시면 영어로 말할 상황에서 요긴하게 쓸 수 있습니다. 실제 경험으로 외국에 거주하는 친구와 외국인 남편에게 K-문화, 한국 생활 등에 관해 이야기할 때 활용한 표현이 여럿 있습니다. (한국의 학교제도 등) 낭독 연습을 충분히 하시면 1분 안에 충분히 낭독할 수 있습니다. 혼자 낭독하기 어려우신 분은 낭독스쿨 선생님인 이현석 선생님과 함께하면 섬세한 케어를 받으실 수도 있습니다.

2022년 여름 '여가생활' 편이 나온다고 들었습니다. 2021년 여름 휴가지에서도 낭독하던 입트영 단행본 1권에 초록이에 이어 2권 빨강이도 참 기대됩니다. 영어를 놓고 산 지 오래된 저에게 자신감을 준 '입트영 단행본'. 영어 실력과 함께 상식, 자신감도 함께 향상하고 싶은 분들께 강력히 추천합니다.

사랑스런 두 아이를 키우는 30대 워킹맘 황지원

〈입트영〉을 통해 자신감 있는 삶을 살고 있습니다

매년 새해 첫날 버킷리스트를 적으면서 영어 공부를 해야겠다고 생각은 했지만 실천하지 못하고 시간만 보내고 있었습니다. 어느 날 우연한 계기로 〈입트영〉을 알게 되었습니다. 시험 문제를 푸는 영어만 공부하던 저에게 〈입트영〉은 신선한 충격이었습니다. 이렇게 아침 일찍부터 영어 공부를 하는 사람이 많았다는 점도 놀라웠고, 이토록 오랜 기간 사랑받은 프로그램이 있었다는 점도 놀랐습니다.

아침에 일어나서 〈입트영〉으로 하루를 시작하면 하루하루 성공한 느낌이 듭니다. 시청자의 사연을 보면서 어느 날은 더욱 발전해야겠다는 생각도 하고, 어느 날은 혼자서 웃곤 합니다. 실제 하고 싶은 말을 영어로 옮기면서 영어로 자신감도 생기고 있습니다. 이전에 나왔던 표현이 며칠 뒤에 다시 나오게 되면 얼마나 반가운지 모릅니다.

영어를 공부하면서 이렇게 즐거움을 느낄 것이라고는 생각도 못 했습니다. 즐겁게 공부할 수 있는 입트영을 더 일찍 알았으면 좋았겠다는 아쉬움이 들기도 합니다. 앞으로 하루도 놓치지 않을 것이라고 다짐하는 저와 〈입트영〉을 함께 합시다!

30대 영린이 효니

공부하고 싶은 욕구가 마구 솟아나는 〈입트영〉

작년 9월부터 듣기 시작한 새내기 청취자 석명진입니다. 매년 영어 공부를 목표로 세웠지만 한 달을 넘기기 힘들었었는데 지금까지 열심히 들을 수 있게 된 건 입트영과 이현석 선생님의 매력에 폭 빠졌기 때문입니다. 청취자들이 보내주는 다양한 사연을 바탕으로 만든 생생한 지문과 이현석 선생님과 제니퍼 선생님의 열정적이고 따뜻한 강의를 듣다 보면 공부하고 싶은 욕구가 마구 솟아납니다. 본방사수방 단톡방에서 서로 인증하며 격려하는 것 또한 빼놓을 수 없는 즐거움이죠!

며칠 전에는 식탁에 앉아서 낭독하고 있는데 지나가던 중3 아들이 엄마 요즘 발음이 나아진 거 같다고 얘기해서 정말 기뻤습니다. 매일 매일 켜켜이 쌓여가는 시간의 힘을 믿으며 앞으로도 열심히 해 보겠습니다. 감사합니다.

입트영 애청자 석명진(예준맘)

〈입트영〉과 함께 출근 준비해요

부족한 영어 실력으로 발목 잡히면서 보낸 직장생활 이십 년이 훌쩍 지난 어느 날… 회사 후배들과 스터디 교재로 공부했던 입트영 초록책 한 권을 서점에서 만나게 되었습니다. 초록책과 더불어 매일 낭독 인연으로 입트영 본방사수도 하게 되었고, 여러 다양한 주제의 어휘와 표현을 매일 익히고 있습니다.

아직 외국 회사와 업무할 때 자신감 있게 대화를 끌고 가진 못하지만 ㅋ 지금 하는 축적의 힘으로 자연스럽게 대화할 그날을 상상하면서 just keep going하고 있습니다. 그리고 매일매일 성실하게 입트영 멤버들과 새벽 인증하면서 올리브와 삶은 달걀을 아침으로 먹으며 출근 준비하는 저의 하루가, 저의 삶이 사랑스럽습니다^^

두 아들 커리어맘
나이 들어도 입트영, 귀트영 공부하는 러블리유니

〈입트영〉과 함께 영어를 리드미컬하게 읽어요

지인의 소개로 입트영에 입문해 월간 교재로 꾸준히 영어 공부를 하는 직장인입니다. 처음 낭독 챌린지를 접했을 땐 아무 생각 없이 글을 읽기만 했는데, 이현석 선생님께서 알려주시는 강세와 끊어 읽기를 하며 나름 뜻을 파악하며 리드미컬하게 읽기 시작했더니, 그만큼 재미를 느끼며 성장하고 있습니다. 40대가 된 후에 영어에 흥미를 느끼게 된 것이 안타깝지만 낭독이 치매 예방에도 좋다고 하니 노후에도 취미처럼 즐길 수 있을 것 같습니다. 이현석 선생님 항상 감사합니다.

입트영/귀트영으로 공부하는 40대 회사원

살아있는 '지금' 영어를 느낄 수 있는 〈입트영〉

영어가 좋아 영어를 전공하고, 영어를 가르치면서 매일 즐겁게 영어 공부도 하는 고등학교 영어 교사입니다. 현석 쌤의 찐팬으로서 수년 동안 입트영의 열혈 청취자이지만, 지난 몇 개월 동안 입트영 낭독하며 영어가 더욱 입에 붙고 자연스러워지는 것 같은 경험을 했어요. 제가 가르치는 아이들에게도 입트영, 귀트영 많이 추천하고 있습니다.

입트영의 가장 큰 강점은 우리가 일상생활에서 경험하는 일을 영어로 말할 수 있다는 것 같아요. 많은 영어 교재에 좋은 예문이 많이 있지만, 지금 우리의 모습과 동떨어져 있는 것도 많으니까요. 매월 쌓이는 월간지를 보며 이 좋은 표현들이 정리되어 찾기 쉽게 단행본으로 나온다면 정말 좋을 텐데.. 했는데 이렇게 주제별 단행본이 두 권째 나오니 정말 기쁩니다. 앞으로도 정말 오랫동안 함께 하고 싶습니다.

날마다 입트영으로 영어 공부하는
20년 차 영어 교사 제니 쌤

〈입트영〉을 청취하지 않았으면 향수병이 생겼을 것 같아요

한국에서부터 입트영을 시작한 지 어언 10여 년이 되어가는 듯합니다. 주제 신청도 해서 5회 정도 채택되어 입트영 월간 교재에 실렸고요. 또한 입트영 최고의 스피킹 1권도 사서 저뿐만 아니라 딸아이들도 반복 학습하며, 나름 영어 스피킹 및 학습에 많이 활용하고 있습니다. 입트영 내용 및 본방에서 알려주시는 덩어리 표현을 여기서도 많이 사용하며 많은 흥미를 느끼며 청취하고 있습니다. 현석 선생님, 입트영 방송 관계자분, 그리고 본방 청취하는 단톡방 러너들의 열정적 모습에 같이 배우며 매일매일 하루를 시작합니다.

특히 작년 10월부터 멀리 타국에 파견 나와 아쉽게도 기존에 연구독하던 종이책을 e-book으로 매월 구입하며, 본방 청취하며 하루를 시작하고 있습니다. 아마 여기서 입트영을 청취하지 않았으면, 우울증 같은 향수병이 생겼을 것 같아요. 입트영 본방과 현석 선생님, 원어민 선생님의 정감넘치는 설명과 표현으로 하루하루를 알차게 즐겁게 보내고 있어, 입트영 강좌를 매우 고맙게 여기며 쭉~ 본방사수하며 생활할 것입니다.

인도네시아 칼리만탄섬(보르네오섬) 팔랑카라야에서
입트영 본방을 청취하고 있는 강태호

〈입트영〉, 〈귀트영〉과 앞으로 1만 시간을 보낼래요

전 작년 11월에 세트영을 처음 시작하게 되었어요. 안 그래도 직장에 갖고 다니는 짐이 많은데, 세트영까지 들고 다니려니 정말 너무 가방이 버겁더라고요. 그래서 큰맘 먹고(실은 세트영 핑계 대고) 아이패드를 질렀어요! 지금까지 딱 8개월째 지하철에서 세트영과 함께 저의 아침을 시작하고 있네요.

작년에 처음 시작했을 땐 입트영이 다 끝날 때쯤 해가 머리를 슬쩍 내미는 듯했는데, 요새는 귀트영을 시작할 때 이미 해가 반짝 떠 있는 걸 보며 시간이 참 빠르다고 느끼고 있어요. 시간이 이렇게 빠르게 흐르는 만큼 저의 영어 실력도 빠르게 늘기를 원하는데, 그건 저의 욕심이겠죠?ㅎㅎ

어떤 분야에서 전문가가 되려면 1만 시간이 필요하다는 '1만 시간의 법칙'을 늘 마음속에 새기며 공부하고 있어요. 작년 11월부터 하루에 한 시간씩 공부했다고 치면 이제 겨우 240시간이네요. Bilingual Speaker가 될 때까지 쭉 세트영과 함께할게요!♥♥

입트영 때문에 아이패드까지 지른 애청자 이혜미 :)

나의 첫 통 암기 스피킹 책이자 최애 스피킹 교재 〈입트영 최고의 스피킹 60〉

저는 완벽하지 않아도 외국인과 의사소통에 전혀 문제없는 배우 윤여정 님을 보며 미래의 나에게 꼭 '소통하는 영어'를 선물하고 싶다는 꿈을 가진 40대 직장맘입니다. 코로나로 모두가 힘들었던 2021년 5월 인스타 낭독 챌린지를 통해 〈입트영 최고의 스피킹 60〉 교재를 만났고, 스피킹에 목말랐던 저는 매일매일 본문을 통으로 암기해서 인증했습니다. 13년간 입트영에서 다룬 수많은 주제 중 엑기스만을 모아둔 교재이기에 좋은 표현이 무척 많아 내 것으로 만들고 싶다는 욕구가 컸습니다.

책에서 배운 좋은 표현을 한 번이라도 더 사용해보고 싶어서 선생님 인스타 피드에 댓글을 남길 때는 종종 표현을 영작해서 남겼고, 클럽하우스 외국인 방에도 용기 내 들어가 외국인 친구도 사귀고 정기적인 언어 교환도 경험했습니다.

이렇듯 기분 좋은 변화와 성장을 가져다준 건 모두 〈입트영 최고의 스피킹 60〉 교재 덕분입니다. 앞으로 나올 시리즈도 애정하며 공부할 생각이에요. 오래오래 함께 영어 공부하는 행복한 입트영 가족이 되길 진심으로 소망합니다♥

Joanee 박자영

〈입트영〉 한 권으로 시작된 나비효과

EBS 10분 영어로 처음 현석 선생님을 알게 되었습니다. 질문을 하면 답변을 받을 수 있는 오픈 단톡방 통해서 입트영 얘기들이 오가는 걸 보니 궁금하기도 하고, 때마침 낭독 챌린지까지 열어주셔서 시작하게 되었습니다.

낯선 단어가 너무 많아 초반에는 겨우 해석만 했습니다. 시간이 지나고 차츰 본문뿐만 아니라 패턴, 대화문까지 입트영 책을 온전히 소화하고 있는 저 자신을 발견했습니다. 1년 전에는 감히 상상하지 못했던 일이 벌어졌습니다. 매일 본방사수를 위해 미라클 모닝을 실천하게 되었고, 입트영 공부를 무리 없이 하기 위해 새벽 운동까지 시작하게 되었습니다. 입트영 한 권으로 시작된 나비효과는 대단했습니다. 이 대단한 경험을 더 많은 분이 체험해 보시길 정~~말 바랍니다.

끈기 있게 꾸준한 삶을 사는 현석 선생님 바라기
루치아 강정순

CHAPTER 1

INTERNET
인터넷

RELATED QUESTIONS

주제별 스피치 향상을 위한 질문 모음

Try to answer the questions based on each topic.

DAY 01 TOPIC 소셜 미디어

1 Which aspect of your life has changed the most because of social media?

2 Why do you think some people share so many aspects of their lives on social media?

3 How do you feel about 'influencers' on social media? What is their role?

DAY 02 TOPIC 메신저 앱

1 What do you usually use messaging apps for?

2 What are some additional features you would like to see on messaging apps?

3 Describe when instant messaging apps make your life inconvenient.

DAY 03 TOPIC 단체 채팅방

1 What do you usually use group chat for?

2 Have you ever made a mistake in a group chat? Describe your experience.

3 How are chats different from phone calls or emails?

DAY 04 TOPIC 유튜브

1 Describe a useful YouTube video you watched recently. What was it about?

2 What are some YouTube channels you would recommend to other people?

3 How do you feel about influencers on various platforms?

DAY 05 TOPIC 온라인 댓글

1 Why do you think some people are so negative to others online?
2 Describe a time when a kind comment online made you feel good.
3 What are some ways to encourage people to be kinder to each other on the internet?

DAY 06 TOPIC 모바일 게임

1 What kind of mobile game have you played in the past? Describe that game in detail.
2 What are the negative effects of playing mobile games?
3 What do you think about mobile games in general?

DAY 07 TOPIC 추천 알고리즘

1 Some people worry that certain algorithms might invade privacy. What do you think?
2 Have you ever tried something new thanks to an algorithm? Describe your experience.
3 Algorithms can decide which ads you see online. Do you think this is good or bad?

DAY 08 TOPIC 웹툰

1 How are webtoons different from comic books?
2 What is your favorite webtoon? Why do you like it so much?
3 What are some other new forms of media people consume these days?

RELATED QUESTIONS

주제별 스피치 향상을 위한 질문 모음

Try to answer the questions based on each topic.

DAY 09 **TOPIC** 중고 거래 앱

1 What are some used items you have bought in the past?
2 How can you avoid scams when buying used products?
3 Pick a used item that you would like to sell. How would you sell it?

DAY 10 **TOPIC** 커피숍 앱

1 Talk about a time when you used an app to order something.
2 Explain how you can use a coffee shop app to order a drink.
3 Discuss how you would like to improve the coffee shop apps that you use.

DAY 11 **TOPIC** 모바일 뱅킹 앱

1 Describe the things you do most often on mobile banking apps.
2 How have mobile banking apps changed over the years?
3 What are some problems you have experienced while using mobile banking?

DAY 12 **TOPIC** 무선 인터넷

1 What are the pros and cons of wireless internet?
2 How do you feel when your phone or tablet PC can't get a wireless signal?
3 Talk about a time when you had internet connection problems.

DAY 13 TOPIC 원격 화상 수업

1 Are remote video classes more effective or less effective than in-person classes?
2 How do you stay focused during a remote Zoom class?
3 Talk about something interesting that happened during a remote class.

DAY 14 TOPIC 가상 현실

1 Have you ever experienced VR? Describe your experience. What was it like?
2 What types of media content would you like to experience using VR?
3 What kind of improvements do you think VR technology needs?

DAY 15 TOPIC 메타버스

1 Think of an interesting way to use the concept of a metaverse.
2 What are types of new technology that have changed how we consume cultural content?
3 Describe how new forms of cultural content could be created specifically for a metaverse.

DAY
01

Social Media

소셜 미디어

음원 01

Today's TOPIC

1st

소셜 미디어(SNS)는 사람들이 소통하는 방법을 크게 바꾸어 놓았다. 이용자는 지인들의 근황을 포스팅을 통해서 살펴볼 수 있다. 그리고 메시지를 통해서 서로 대화를 나눌 수도 있다. 요즘은 사람들이 영상을 올리는 빈도도 훨씬 높아졌다. 더불어, 라이브 방송처럼 영상을 송출하는 기능도 매우 인기이다.

한편, 요즘 소셜 미디어는 광고 플랫폼으로도 많이 사용된다. 광고주는 원하는 소비자를 타게팅해서 마케팅을 할 수 있다.

그러나 소셜 미디어가 꼭 좋은 것만은 아니다. 이용자의 사생활이 침해될 위험성이 매우 높다. 이용자의 사진, 영상, 위치, 주소지 등이 원하지 않는 사람에게 공개될 수도 있다. 해킹으로 인한 피해가 문제되는 경우도 있다. 계정이 해킹되면 개인 정보도 유출되고, 다른 범죄에 악용될 우려도 있다.

SPEECH PRACTICE

Social media has been a **game-changer** in the way people communicate. Users can see what people they know **are up to** through their posts. They can also 001 **have conversations** through messages. People also upload videos more frequently these days. The feature to send out live broadcasts is also popular.

These days, social media is also widely used as an **advertising platform**. Advertisers can **target the consumers** that they want in their marketing.

However, social media is 002 **not all roses**. There is **a high risk of privacy infringement**. People's photos, videos, locations and addresses can **be exposed to** unwanted people. Damage from hacking is another 003 **sticking point**. When an account is hacked, **personal information** could **be leaked** and used in other crimes.

KEY EXPRESSIONS

game-changer 혁신적인 것
be up to ~하고 지내다
have a conversation 대화를 나누다
advertising platform 광고 플랫폼
target the consumers 고객을 겨냥하다
not all roses 좋은 면만 있는 것은 아닌
a high risk of ~의 높은 위험성
privacy infringement 사생활 침해
be exposed to ~에게 노출되다
sticking point 단점, 어려운 문제
personal information 개인 정보
be leaked 유출되다

PATTERN
PRACTICE

001 have a conversation 대화를 나누다

Users can have conversations through messages.
이용자는 메시지를 통해서 서로 대화를 나눌 수 있다.

It was so noisy that we couldn't even have a conversation.
너무 시끄러워서 대화조차 할 수 없었다.

She can have a conversation with anyone, about any topic.
그녀는 어떤 상대와도, 또 어떤 주제이든 간에 대화할 수 있다.

002 not all roses 좋은 면만 있는 것은 아닌

Social media is not all roses.
소셜 미디어가 꼭 좋은 것만은 아니다.

Being a doctor is not all roses.
의사라는 직종이 좋은 면만 있는 것은 아니다.

It was not all roses, but it's a special memory for me.
모두 좋은 것만은 아니었지만, 나에게는 특별한 추억이야.

003 sticking point 단점, 어려운 문제

Damage from hacking is a sticking point.
해킹으로 인한 피해가 문제된다.

They didn't mention the sticking point at first.
처음에는 어려운 점은 언급하지 않았다.

It's a great car, but the sticking point is its price.
아주 좋은 차이기는 하는데, 가격이 문제야.

DIALOGUE PRACTICE

A Are you **on social media**?

B I have an account, but I don't **post things** very often.

A So, you just **browse through** what other people post?

B Yeah. Sometimes I **click 'like'** or **post comments**.

A I personally love reading the comments people leave on my posts.

A 소셜 미디어 사용하니?
B 응, 하기는 하는데, 내가 직접 포스팅을 자주 하지는 않아.
A 그럼 그냥 다른 사람들 게시물 훑어보는 거야?
B 맞아. 가끔 '좋아요' 누르기도 하고, 댓글 달기도 하고.
A 나 같은 경우는, 게시물 올리면, 다른 사람들이 거기에 남기는 댓글들 보는 게 정말 좋아.

COMPOSITION PRACTICE

1 딸이 좀 커서 이제 우리와 대화를 이어 나갈 수 있다. (have a conversation)

2 쉬운 줄 알았는데, 순조롭지만은 않았다. (not all roses)

3 그 호텔의 단점은 위치이다. (sticking point)

4 요즘 유명인 대부분은 소셜 미디어를 사용한다. (be on social media)

ANSWERS
1. Our daughter is old enough now to **have a conversation** with us.
2. We thought it would be easy, but it was **not all roses**.
3. The location of the hotel is the **sticking point**.
4. Most celebrities **are on social media** these days.

DAY
02

음원 02

Messaging Apps

메신저 앱

Today's TOPIC

2nd

메신저 앱은 모든 사람이 가장 많이 사용하는 앱으로 자리매김했다. 스마트폰 사용자 거의 모두가 메신저 앱을 사용한다고 봐도 과언이 아니다.

메신저 앱은 상대와 간편하게 대화할 수 있게 한다. 더불어, 사진, 음성 파일, 문서 파일 교환도 매우 쉽게 할 수 있다. 그 밖에도 메신저 앱 내에서 기프티콘으로 서로 선물을 주고받을 수도 있다. 다양한 이모티콘을 이용해서 자신의 감정을 표현할 수도 있다. 앱 자체에 무료로 음성 통화를 할 수 있는 기능도 있다.

메신저 앱의 가장 큰 장점 중 하나는 단체 채팅방이다. 여러 사람이 함께 한 방에서 의사소통할 수 있어서 장점이 매우 많다. 효과적인 의사소통이 이루어질 수 있다.

SPEECH PRACTICE

Messaging apps have become everyone's **most widely used app**. Nearly 004 every last smartphone user uses a messaging app.

Chatting apps make it easy to **hold a conversation** with someone. They also make it easy to **share content** like photos, **audio files** or **document files**. You can exchange 005 mobile gift vouchers using chatting apps, too. Various **emoticons**, also known as **emojis**, let you 006 express yourself. Some apps even have **free voice call features**.

Group chats are **one of the biggest advantages** of chatting apps. Many people can communicate together in a single group chat. It enables **effective communication**.

KEY EXPRESSIONS

messaging app (= chatting app)
(카카오톡과 같은) 메신저 앱
most widely used app
가장 보편적으로 사용하는 앱
every last 하나도 빠짐 없이
hold a conversation 대화하다
share content 콘텐츠를 공유하다
audio file 음성 파일
document file 문서 파일
mobile gift voucher
모바일 상품권, 기프티콘
emoticons (= emoji) 이모티콘
express oneself 자신을 표현하다
free voice call feature 무료 음성 통화 기능
group chat 단체 채팅방
one of the biggest advantages
가장 큰 장점 중 하나
effective communication
효과적인 의사소통

PATTERN
PRACTICE

004 every last 하나도 빠짐 없이

Nearly every last smartphone user uses a messaging app.
스마트폰 사용자 거의 모두가 메신저 앱을 사용한다.

I ate every last bit of food on my plate.
나는 접시에 담긴 음식을 조금도 남기지 않고 전부 먹었다.

Every last scene in that movie is great.
그 영화는 한 장면도 빠짐 없이 끝내줘.

005 mobile gift voucher 모바일 상품권, 기프티콘

You can exchange mobile gift vouchers using chatting apps.
메신저 앱 내에서 기프티콘으로 서로 선물을 주고받을 수 있다.

She gave me a mobile gift voucher for my birthday.
그녀가 내 생일이라고 기프티콘을 줬다.

It feels very good to receive mobile gift vouchers.
기프티콘을 받으면 기분이 정말 좋아.

006 express oneself 자신을 표현하다

Various emoticons let you express yourself.
다양한 이모티콘으로 자신의 감정을 표현할 수 있다.

I'm not very good at expressing myself.
나는 감정 표현을 잘 하지 못한다.

Everyone expresses themselves differently.
누구나 자신을 표현하는 방식이 다르다.

DIALOGUE PRACTICE

A What kind of messaging apps do you use in your country?

B Oh, **for the most part** we use WhatsApp and Snapchat in the States.

A I think I've heard of them. KakaoTalk is the **most widely used app** in Korea.

B These days, people seem to **favor messaging apps** over phone calls.

A That's right. I don't **talk over the phone** as often myself.

A 너희 나라에는 어떤 메신저 앱 쓰니?
B 아, 미국에서는 보통 왓츠앱과 스냅챗을 이용해.
A 들어 본 것 같아. 한국에서 가장 많이 사용하는 앱은 카카오톡이야.
B 요즘은 전화를 잘 안하고 메신저 앱을 많이 쓰는 거 같아.
A 맞아. 나 또한 전화 통화를 자주 하지 않아.

COMPOSITION PRACTICE

1 한 명도 빠짐없이 모든 학생이 정답을 맞혔다. (every last)

2 나는 기프티콘으로 아메리카노를 샀다. (mobile gift voucher)

3 넌 더 명확하게 의견을 표현할 필요가 있어. (express oneself)

4 우리 여행하는 동안 운전은 주로 내가 했다. (for the most part)

ANSWERS
1. **Every last** student got the correct answer.
2. I bought an Americano with a **mobile gift voucher**.
3. You need to **express yourself** more clearly.
4. During our trip, I did the driving, **for the most part**.

DAY
03

Group Chats

단체 채팅방

음원 03

Today's TOPIC

3rd

단체 채팅방은 여러 가지 장점이 있다. 우선, 여러 사람에게 사진, 파일, 링크 등을 공유하는 것을 편리하게 해 준다. 그리고 한 번에 여러 사람에게 메시지를 전달할 수 있다. 친구나 지인들과 같이 만든 단체 채팅방이 있을 수 있고, 회사 동료끼리 만든 방도 있을 수 있다. 선생님과 학생들이 함께 채팅방을 만들어서 학습에 활용하는 경우도 있다.

나는 몇 개의 단체 채팅방에 들어가 있다. 일단, 동료들과 만든 단체 채팅방이 있다. 거기서 전략 등에 대한 협의를 한다. 그 밖에도 예전 학창 시절 친구들과 함께 만든 채팅방도 있다. 주로 모임을 주선할 때 소통의 창구로 사용된다. 이런 채팅방은 서로 연락하는 것을 더 원활하게 해 준다.

다만, 알림음이 너무 자주 울리면 귀찮을 수 있다는 단점이 있다. 그럴 때는 그냥 알림 기능을 끄거나 아예 채팅방에서 나온다.

SPEECH PRACTICE

Group chats **have several perks**. First, they 007 **streamline the process** of **sharing photos**, files or links with a group. You can also **get a message across** to many people 008 **in one go**. There are group chats with friends and acquaintances, and also with **office coworkers**. Teachers and students can create a group chat and **make use of** it for their studies, too.

I am a member of several group chats. I have one group chat with my colleagues. We use the chatroom to 009 **put our heads together** and discuss our **course of action**. I also have a chatroom with my **former classmates** whom I **went to school with**. We use it to communicate when **planning get-togethers**. These chatrooms make it easier to **stay in touch**.

However, group chats sometimes do **get on my nerves** if I get too many **notifications**. When that happens, I **switch off the alerts**, or **leave the chatroom**.

KEY EXPRESSIONS

have several perks 몇 가지 장점이 있다
streamline a process 과정을 효율화하다
share photos 사진을 공유하다
get a message across 의사를 전달하다
in one go 한 번에
office coworker 회사 동료
make use of 활용하다
put one's heads together 머리를 맞대고 고민하다
course of action 전략, 진행 계획
former classmate 학창 시절 친구들
go to school with ~와 같이 학교를 다니다
plan a get-together 모임을 계획하다
stay in touch 연락하며 지내다
get on someone's nerves 신경에 거슬리다
notification 알림, 공지
switch off the alerts 알림을 끄다
leave a chatroom 채팅방에서 나오다

007 streamline a process 과정을 효율화하다

Group chats streamline the process of sharing photos, files or links with a group.
단체 채팅방은 여러 사람에게 사진, 파일, 링크 등을 공유하는 것을 편리하게 해 준다.

We need to streamline the process of writing reports.
보고서 작성 과정을 효율화할 필요가 있어.

We saved a lot of money by streamlining the process.
우리는 과정을 효율화함으로써 많은 비용을 아낄 수 있었다.

008 in one go 한 번에

You can send messages to many people in one go.
여러 사람에게 한꺼번에 메시지를 전달할 수 있다.

I sometimes can't take in all the groceries in one go.
가끔은 식료품을 한꺼번에 들고 갈 수 없다.

We finished both projects in one go.
우리는 두 프로젝트를 한 번에 끝마쳤다.

009 put one's heads together 머리를 맞대고 고민하다

We use the chatroom to put our heads together.
우리는 채팅방에서 협의를 한다.

I'm sure we can find a solution if we put our heads together.
머리를 맞대고 고민해 보면 분명히 해결책을 찾을 수 있을 거야.

We all put our heads together to prepare the presentation.
발표를 준비하기 위해 모두가 머리를 맞대고 진행했다.

DIALOGUE PRACTICE

A What's all that noise? Is something wrong with your phone?

B It's the **alerts** from a **group chat**. My friends are discussing something.

A **Switch your phone to silent**. The alerts are **annoying**.

B Okay. I don't have to read all the messages anyway.

A Thank you.

A 이게 다 무슨 소리야? 너 휴대폰에 무슨 문제 있어?
B 단체 채팅방 알림음이야. 친구들이 뭔가를 의논하고 있어.
A 휴대폰은 매너 모드로 해놔. 알림 소리 짜증 나.
B 알았어. 어차피 메시지도 다 읽지 않아도 돼.
A 고마워.

COMPOSITION PRACTICE

1 과정을 효율화해서 시간을 아낄 필요가 있어. (streamline a process)

2 한 번에 먹기에는 음식이 너무 많아. (in one go)

3 함께 고민해 봤지만, 해결책을 찾지 못했다. (put one's heads together)

4 저 소리 자꾸 신경에 거슬려. (get on someone's nerves)

ANSWERS
1. We need to save time by **streamlining the process**.
2. It's too much food to eat **in one go**.
3. We **put our heads together**, but we couldn't find a solution.
4. That noise is really **getting on my nerves**.

DAY 04

YouTube

유튜브

음원 04

Today's TOPIC

4th

나는 영어를 공부하는 것을 좋아해서, 영어 학습 관련 콘텐츠를 올리는 유튜브 채널 몇 개를 구독하고 있다. 새로운 콘텐츠를 보면서 영어를 배우며, 시간을 유익하게 보낼 수 있다. 그 밖에도 여러 영화에 대해서 해설해 주는 콘텐츠가 올라오는 채널도 구독 중이다. 영화에서 미처 인식하지 못했던 부분에 대해 알게 되어 흥미롭다.

요즘은 유튜브에 자신의 채널을 가지고 있는 사람들의 영향력이 대단히 크다. 구독자가 수십 만 명에 이르는 유튜버들은 연예인 못지않은 영향력을 가지고 있다. 이들을 부르는 "인플루언서"라는 신조어가 생겨났을 정도이다.

영상을 제작하고 편집할 수 있는 능력만 있으면 누구나 유튜버가 될 수 있다. 물론 콘텐츠가 신선하고 재미있을수록 도움이 된다.

SPEECH PRACTICE

I like to study English, so I **subscribe to** a couple of YouTube channels that **upload content** related to English learning. I can 010 **make the most of** my time by watching new content and learning English. I subscribe to a channel for commentary on various movies, too. It is really fun to learn about things in movies that had 011 **slipped past me**.

People with their own channel on YouTube 012 **have a lot of sway** these days. YouTubers with hundreds of thousands of **subscribers give** celebrities **a run for their money. There's** even **a new word for** these people: "influencer."

Anyone who can **produce and edit videos** can become a YouTuber. Of course, **it doesn't hurt to** have fresh, interesting content.

KEY EXPRESSIONS

subscribe to 구독하다
upload content 콘텐츠를 올리다
make the most of 최대한 활용하다
slip past someone 인식하지 못하고 넘어가다
have a lot of sway 영향력이 크다
subscriber 구독자
give someone a run for their money 대등한 수준이다
there's a new word for ~을 뜻하는 신조어가 있다
produce and edit videos 영상을 제작하고 편집하다
it doesn't hurt to 도움이 된다, 나쁠 것이 없다

PATTERN
PRACTICE

010 make the most of 최대한 활용하다

I can make the most of my time by watching new content.
새로운 콘텐츠를 보며, 시간을 유익하게 보낼 수 있다.

To make the most of this class, you need to be proactive.
이 수업에서 최대한 많은 것을 얻으려면, 능동적이야 한다.

Try to make the most of what you learn.
배우는 내용을 최대한 활용하려고 노력해 보세요.

011 slip past someone 인식하지 못하고 넘어가다

It's fun to learn about things in movies that had slipped past me.
영화에서 미처 인식하지 못했던 부분에 대해 알게 되어 흥미롭다.

I have no idea how this slipped past me.
내가 어떻게 이것을 놓쳤는지 도무지 알 수 없네.

It was such a small typo that it slipped past everyone.
워낙 작은 오타라서 아무도 인식하지 못했다.

012 have a lot of sway 영향력이 크다

People with their own channel on YouTube have a lot of sway these days.
요즘은 유튜브에 자신의 채널을 가지고 있는 사람들의 영향력이 대단히 크다.

This magazine has a lot of sway in the fashion industry.
이 잡지는 패션 업계에서 영향력이 커.

That critic has a lot of sway, but I often disagree with him.
그 평론가는 영향력이 크지만, 나는 자주 의견이 다르다.

DIALOGUE PRACTICE

A Have you seen this YouTube channel? It's so funny.

B No, I don't think I have.

A I **crack up** all the time. **It's right up your alley**.

B What's the name of the channel?

A I'll just **send you the link**.

A 너 이 유투브 채널 본 적 있니? 엄청 웃겨.
B 아니, 본 적 없는 것 같아.
A 나는 보면서 항상 빵빵 터져. 딱 네 취향이야.
B 채널 이름이 뭐야?
A 내가 그냥 링크 보내줄게.

COMPOSITION PRACTICE

1 나는 미국 주식 관련 채널 하나를 구독했어. (subscribe to)

2 일부 디테일을 내가 미처 확인하지 못한 것 같아. (slip past someone)

3 그 교수는 이 분야에서 영향력이 아주 크신 분이야. (have a lot of sway)

4 숫자는 다시 확인해도 나쁠 것이 없어. (it doesn't hurt to)

ANSWERS
1. I **subscribed to** a channel related to US stocks.
2. I guess some details **slipped past me**.
3. That professor **has a lot of sway** in this field.
4. **It doesn't hurt to** double-check the numbers.

DAY
05

Online Comments

온라인 댓글

음원 05

Today's TOPIC

5th

선플은 인터넷 게시물에 대해 긍정적인 평가를 하며 쓴 댓글이다. 쉽게 말하면, 누군가를 응원하거나 칭찬하는 댓글이라고 보면 된다.

요즘 악플을 포함한 온라인 괴롭힘 문제가 심각하다. 그래서 선플을 많이 달자는 운동이 있고, 나도 그에 동참하려고 한다. 내가 단 선플이 다른 사람에게는 큰 힘과 희망이 될 수 있다는 것을 느끼게 되었다. 나도 직접 경험해 보았기 때문에 잘 안다.

온라인상에서 다른 사람에게 응원의 말 한마디를 하는 것은 힘든 일이 아니었다. 그리고 더 따듯한 인터넷 세상을 만들고 있다고 생각하니, 뿌듯하면서 가슴이 두근거리기까지 했다. 그래서 지금은 자발적으로 선플을 달고 있다. 더 좋은 세상을 만들기 위해서 그렇게 하고 있다.

SPEECH PRACTICE

Kind comments online are replies to internet content that contain **positive feedback. Simply put**, they are comments that **cheer people on** or **compliment** them.

013 **Cyber-bullying** involving **mean comments** is a major problem these days. That's why there is a campaign to **promote** kind comments, and I am **taking part**. I realized that my comments could give strength and hope to others. I know that very well because I've experienced it myself.

I didn't have to 014 **break a sweat** offering **words of encouragement** to people online. Thinking that a kinder internet atmosphere **was in the making**, I **felt proud** and **my heart pounded**. These days, I post kind comments **voluntarily**. I do it to 015 **make the world a better place**.

KEY EXPRESSIONS

kind comment 선플
positive feedback 긍정적인 반응/평가
simply put 쉽게 말해
cheer someone on 응원하다
compliment 칭찬하다
cyber-bullying 온라인 괴롭힘
mean comment 악플
promote 장려하다
take part 동참하다, 참여하다
break a sweat 공을 들이다, 힘을 쏟다
a word of encouragement 응원, 격려의 말
be in the making 형성되는 과정에 있다
feel proud 자랑스럽다
one's heart pound 심장이 두근거리다
voluntarily 자발적으로
make the world a better place 더 좋은 세상을 만들다

013 cyber-bullying 온라인 괴롭힘, 악플 달기

Cyber-bullying involving mean comments is a major problem these days.
요즘 악플을 포함한 온라인 괴롭힘 문제가 심각하다.

There should be stronger laws to prevent cyber-bullying.
온라인 괴롭힘을 방지하기 위해 더 강력한 법이 있어야 한다.

Being able to post things anonymously makes cyber-bullying even worse.
익명으로 글을 올릴 수 있다 보니 온라인 괴롭힘이 더 심해진다.

014 break a sweat 공을 들이다, 힘을 쏟다

I didn't have to break a sweat being kind to people online.
온라인상에서 다른 사람들에게 친절하게 대하는 것은 그리 힘든 일이 아니었다.

She didn't even break a sweat while she was doing it.
그녀는 그것을 하는 동안 그다지 힘들어하지 않았다.

I was well-prepared, so I did not have to break a sweat.
나는 사전에 준비를 잘한 탓에 크게 힘들지는 않았다.

015 make the world a better place
더 좋은 세상을 만들다

I do it to make the world a better place.
더 좋은 세상을 만들기 위해서 하고 있다.

We should do everything we can to make the world a better place.
우리는 더 좋은 세상을 만들기 위해서 할 수 있는 모든 것을 다 해야 해.

Small things like this can make the world a better place.
이렇게 작은 것들이 더 좋은 세상을 만들 수 있어.

DIALOGUE PRACTICE

A There are so many **mean comments** online these days. It really **gets me down**.

B You're right. I **couldn't agree with you more**.

A That's why I'm **making an effort** to leave **positive comments**.

B Good for you!

A I think it could help **create a brighter atmosphere** on the internet.

A 요즘 인터넷상에 악플이 너무 많아. 내 기분까지 안 좋아져.
B 맞아. 나도 전적으로 동의해.
A 그래서 나는 선플을 많이 달려고 노력 중이야.
B 정말 잘하고 있어!
A 조금 더 밝은 인터넷 환경을 만드는 데 도움이 되는 것 같아.

COMPOSITION PRACTICE

1 나는 온라인 괴롭힘이 심각한 범죄라고 생각한다. (cyber-bullying)

2 힘들이지 않고 영어를 구사할 수 있으면 좋겠어. (break a sweat)

3 나는 뉴스를 보면 속이 상할 때가 많다. (get someone down)

4 최소한 노력이라도 해 보는 것이 좋을 듯해. (make an effort)

ANSWERS 1. I think **cyber-bullying** is a serious crime.
2. I wish I could speak English without **breaking a sweat**.
3. Watching the news often **gets me down**.
4. You should at least **make an effort**.

DAY
06

Mobile Games

모바일 게임

음원 06

Today's TOPIC

6th

요즘 많은 사람이 스마트폰 화면에 코를 박고 있는 것처럼 보인다. 그중 많은 사람이 모바일 게임을 한다. 모바일 게임은 매우 재미있고, 시간을 때우기 딱 좋다. 물론, 대부분의 사람은 그런 목적으로 가볍게 게임을 즐긴다.

그러나 상당수의 게임은 중독성이 있다. 어떤 사람은 전화기를 내려놓지 못하고 끊임없이 게임을 한다. 또한 게임 안에서 살 수 있는 게임 아이템을 구매하기 위해서 너무 많은 돈을 지출하는 사람도 있다.

더불어, 사람들이 응시하는 작은 화면은 시력에 좋지 않다. 가장 중요한 것은 이런 게임을 적당히 하는 것이다. 그렇게만 한다면, 모바일 게임은 아주 즐거운 여가 활동이 될 수 있다.

SPEECH PRACTICE

It seems like everyone **has their nose buried** in a smartphone screen these days. Many of them are playing mobile games. These games are very fun and can be 016 **a good way to kill time**. Of course, most people just **casually play these games** for that purpose.

However, many of these games can be **addictive**. Some people just **cannot put their phones down** and play **constantly**. There are also others who spend too much money on **in-game purchases** for game items.

Plus, the small screens people **stare at** can 017 **be bad for people's eyesight**. Most importantly, it's always important to play these games 018 **in moderation**. As long as people do that, mobile games can be **a healthy pastime**.

KEY EXPRESSIONS

have one's nose buried 코를 박고 있다
a good way to kill time 시간을 때우기 좋은 방법
casually play these games 이런 게임을 가볍게 한다
addictive 중독성이 있는
cannot put one's phone down 전화기를 내려놓지 못하다
constantly 끊임없이
in-game purchases 게임 내 구매
stare at ~을 응시하다
be bad for one's eyesight 시력에 좋지 않다
in moderation 적당하게
a healthy pastime 건전한 여가 활동

PATTERN
PRACTICE

016 a good way to kill time 시간을 때우기 좋은 방법

Mobile games can be a good way to kill time.
모바일 게임은 시간을 때우기 좋은 방법일 수 있다.

Watching online video clips is a good way to kill time.
인터넷 영상을 보는 것은 시간을 때우기 좋은 방법이다.

What would be a good way to kill time?
시간을 때우기 좋은 방법이 무엇이 있을까?

017 be bad for one's eyesight 시력에 좋지 않다

The small screens people stare at can be bad for people's eyesight.
사람들이 응시하는 작은 화면은 시력에 좋지 않을 수 있다.

Inadequate lighting can be bad for your eyesight.
부적절한 조명은 시력에 안 좋을 수 있다.

Watching too much TV can be bad for your eyesight.
TV를 너무 많이 보는 것이 시력에 안 좋을 수 있다.

018 in moderation 적당하게

It's always important to play games in moderation.
게임은 항상 적당히 하는 것이 중요하다.

You should always drink in moderation.
술은 항상 적당히 마시는 것이 좋다.

I told him to do it in moderation.
그에게 그것을 적당히 하라고 말했어.

DIALOGUE PRACTICE

A What are you playing?

B Oh, I **am so hooked on this game**.

A Yeah, you **play it all the time**.

B It's so much fun. I can't stop myself.

A I think games are **a waste of time**.

A 무슨 게임 하는 거니?
B 나 이 게임에 정말 심하게 중독되었어.
A 그러게. 항상 하는 것 같더라.
B 너무 재미있어. 멈출 수가 없어.
A 게임은 시간 낭비인 것 같아.

COMPOSITION PRACTICE

1 책을 읽는 것은 시간을 때우기 좋은 방법이다. (a good way to kill time)

2 일부 물질은 중독성이 매우 강하기도 하다. (addictive)

3 어떤 것이든 적당히 하는 것이 좋다. (in moderation)

4 어두운 데서 뭔가를 읽는 것은 시력에 좋지 않을 수 있다 (be bad for one's eyesight)

ANSWERS
1. Reading books is **a good way to kill time**.
2. Some substances can be very **addictive**.
3. You should always do everything **in moderation**.
4. Reading something in the dark can **be bad for your eyesight**.

DAY
07

Recommendation Algorithms

음원 07

추천 알고리즘

Today's TOPIC

7th

추천 알고리즘은 알게 모르게 우리 삶에 적용되고 있다. 가끔 뭔가를 보면, 이것도 알고리즘인가 하는 생각이 들기도 한다.

한번은 유튜브에서 내 관심을 끄는 영상을 봤다. 보고 나니, 비슷한 영상을 여러 개 추천해 주었다. 이것도 알고리즘이 작용한 예였다. 또한, 온라인 쇼핑 사이트에서 상품을 검색하거나, 장바구니에 뭔가 담으면, 알고리즘이 비슷하거나 연관이 있는 상품들을 추천해 준다.

나는 대체로 이런 추천 알고리즘에 만족한다. 가끔은 도움도 받는다. 그러나 알고리즘이 나 자신을 너무 수동적인 사람으로 만드는 것은 아닌가 걱정할 때도 있다. 물론 내가 사리 분별을 못할 만큼 어리석지는 않다. 그러나 내가 알고리즘의 노예가 되는 것은 아닐까 스스로에게 질문을 던질 때가 있다.

SPEECH PRACTICE

Recommendation algorithms are being used in lives, sometimes **right under your nose**. There are times when I see something and wonder whether it came from an algorithm.

Once, I saw a video that 019 **grabbed my interest** on YouTube. After I finished watching it, there were several recommendations for similar videos. This was an example of an algorithm **at work**. When I search for products to **shop online**, or 020 **put something in my shopping cart**, an algorithm recommends similar or **related products**.

I'm usually satisfied with these algorithms. Sometimes, they **come in handy**. But there are times when I worry that the algorithms make me **act passively**. I'm not a fool, and I 021 **have my head on straight**. But I sometimes ask myself whether I am becoming **a slave to algorithms**.

KEY EXPRESSIONS

recommendation algorithm
추천 알고리즘

right under one's nose
바로 앞에서 (알게 모르게)

grab one's interest 관심을 끌다

at work 작동 중인

shop online 인터넷 쇼핑을 하다

put something in one's shopping cart
(인터넷) 장바구니에 넣다

related product 연관 상품

come in handy 유용하다

act passively 수동적으로 행동하다

have one's head on straight
사리 분별을 하다, 합리적으로 행동하다

a slave to algorithms 알고리즘의 노예

019 grab one's interest ~의 관심을 끌다

Once, I saw a video that grabbed my interest on YouTube.
한번은 유튜브에서 내 관심을 끄는 영상을 봤다.

The cover of the book grabbed my interest.
책 표지가 나의 관심을 끌었다.

I think the movie trailer grabbed people's interest.
영화 예고편이 사람들의 관심을 끈 것 같아.

020 put something in one's shopping cart
(인터넷) 장바구니에 넣다

When I put something in my shopping cart, an algorithm recommends similar products.
내가 장바구니에 뭔가 담으면, 알고리즘이 유사 상품을 추천해 준다.

I put it in my shopping cart, but I haven't decided whether to buy it yet.
그걸 장바구니에 담긴 했는데, 아직 살지 결정하지는 않았어.

I wanted to see more items, so I put it in my shopping cart.
물건을 더 보고 싶어서 일단 그걸 장바구니에 담았다.

021 have one's head on straight
사리 분별을 하다, 합리적으로 행동하다

I'm not a fool, and I have my head on straight.
내가 사리 분별을 못할 만큼 어리석지는 않다.

This is an important presentation, so be sure to have your head on straight.
이건 중요한 발표니까, 반드시 정신 똑바로 차리도록 해.

He jokes a lot, but he always has his head on straight.
그는 농담을 많이 하지만, 항상 사리 분별은 확실해.

DIALOGUE PRACTICE

A Do you watch a lot of movies at home?

B Sure. Watching at home is **less of a hassle**.

A After you watch a movie, doesn't the app **give you recommendations** for similar films?

B It does. It suggests content that is just **my cup of tea**.

A I think that makes it easier to select another movie.

A 집에서 영화 많이 보니?
B 그럼. 집에서 보면 번거롭지도 않고 좋아.
A 영화 한 편 보면, 앱에서 유사한 작품들을 추천하지 않아?
B 그렇지. 취향 저격 콘텐츠로 추천하지.
A 맞아. 그래서 다른 영화 고르기가 편한 것 같아.

COMPOSITION PRACTICE

1 그는 사람들의 관심을 잘 끄는 능력이 있어. (grab one's interest)

2 장바구니에 그냥 넣기만 하고, 아직 사지는 않았어.
(put something in one's shopping cart)

3 우리는 사리 분별을 잘하는 사람이 필요해. (have one's head on straight)

4 이게 너의 취향에 맞을지 모르겠어. (one's cup of tea)

ANSWERS
1. He is good at **grabbing people's interest.**
2. I just **put it in my shopping cart** but haven't bought it yet.
3. We need a person who **has his head on straight**.
4. I'm not sure if this will be **your cup of tea**.

DAY
08

Webtoons

웹툰

음원 08

Today's TOPIC

8th

'웹툰'은 'web'과 'cartoon'이 합쳐진 신조어이다. 인터넷 플랫폼에 연재되는 만화를 말한다. 이 단어는 해외에서, 한국의 인터넷 만화를 지칭하는 고유명사가 되었다.

불과 10년 전만 해도, 웹툰은 보편적인 대중문화가 아니었다. 그러나 오늘날 웹툰은 K-콘텐츠의 대표 주자 중의 하나이다. 일부 인기 웹툰은 드라마나 영화로 제작되고 있다.

웹툰이 성공을 거둘 수 있었던 것은 상식을 뛰어넘는 흥미로운 소재 때문이다. 웹툰에는 정말 기발한 아이디어와 소재가 넘쳐난다.

초창기에는 대부분의 웹툰이 무료였지만, 요즘은 전문 웹툰 사이트가 늘어나면서 유료 웹툰도 증가하고 있다. 출판 만화 시장은 줄어들고 있지만, 웹툰 시장은 꾸준히 성장하고 있다.

SPEECH PRACTICE

'Webtoon' is 022 a newly-coined word combining 'web' and 'cartoon.' It refers to comics that are published on **online platforms**. Overseas, the word has become a proper noun referring to Korea's online comics.

Just 10 years ago, webtoons were not a **widespread form** of popular culture. But webtoons these days are **a top example of** Korean 023 cultural content. Some of the most popular webtoons **are adapted into** TV shows or movies.

The unconventional and interesting **subject matter** of webtoons is what has **propelled them to success**. They are 024 overflowing with creative ideas and content.

Webtoons were free **in the early days**, but readers have to pay for more and more of them on **dedicated websites**. The market for published comics is shrinking, but the webtoon market is **growing steadily**.

KEY EXPRESSIONS

a newly-coined word 신조어
online platform 인터넷 플랫폼
widespread form 보편화한 형태
a top example of ~의 대표적인 예
cultural content 문화 콘텐츠
be adapted into ~로 각색되다
subject matter (작품의) 소재
propel something to success 성공으로 이끌다
overflowing with ~으로 넘쳐나다
in the early days 초창기에
dedicated website 전용 웹사이트
grow steadily 꾸준히 성장하다

PATTERN
PRACTICE

022 a newly-coined word 신조어

'Webtoon' is a newly-coined word.
웹툰은 신조어이다.

There are so many newly-coined words these days.
요즘 신조어가 정말 많아.

It's hard to keep up with some newly-coined words.
일부 신조어는 뒤처지지 않고 따라가기가 쉽지 않아.

023 cultural content 문화 콘텐츠

Webtoons these days are a top example of Korean cultural content.
오늘날 웹툰은 K-콘텐츠의 대표 주자 중의 하나이다.

Cultural content is becoming a very important asset.
문화 콘텐츠가 아주 중요한 자산이 되고 있다.

Korea is now famous for its cultural content.
한국은 이제 문화 콘텐츠로 유명하다.

024 overflow with ~으로 넘쳐나다

Webtoons are overflowing with creative ideas and content.
웹툰에는 정말 기발한 아이디어와 소재가 넘쳐난다.

His movies are overflowing with great action scenes.
그의 영화들은 짜릿한 액션 장면이 차고 넘친다.

My parents were overflowing with pride when I got into college.
내가 대학에 들어갔을 때 부모님은 매우 자랑스러워하셨다.

DIALOGUE PRACTICE

A I'm seeing a lot of fun webtoons these days.

B Yeah. They're **developing a strong fan base**.

A That's right. Some top webtoon artists are **celebrities**.

B I know. Some webtoons **are adapted into** TV shows.

A Yes, I've seen them.

A 요즘 재미있는 웹툰들 많이 보는 것 같아요.
B 네, 팬층이 점점 늘어나는 것 같아요.
A 맞아요. 최고 웹툰 작가들은 유명 인사라고 할 수 있어요.
B 그러게요. 일부 작품은 드라마로 제작되기도 해요.
A 네, 본 적이 있어요.

COMPOSITION PRACTICE

1 사람들은 다양한 방식으로 문화 콘텐츠를 소비한다. (cultural content)

2 긍정적인 태도는 당신을 성공으로 이끌 수 있다. (propel something to success)

3 요즘 한국에서 훌륭한 영화가 아주 많이 나오고 있다. (overflowing with)

4 이거 신조어인 것 같은데. (a newly-coined word)

ANSWERS
1. People consume **cultural content** in many ways.
2. A positive attitude can **propel you to success**.
3. Korea these days is **overflowing with** great movies.
4. I think this is **a newly-coined word**.

DAY
09

Apps for Buying and Selling Used Stuff 중고 거래 앱

음원 09

Today's TOPIC

9th

간편하게 중고품 거래를 하기 위해 앱을 사용하는 일이 매우 보편화하였다. 우리나라 인구 4명 중 1명이 이런 앱을 사용한다는 통계도 있다.

예전에는 필요 없는 물건을 그냥 버리기만 했다. 이제는 더 이상 사용하지 않거나, 구매 후 반품할 수 없는 물건을 이런 앱을 통해 판매할 수 있다. 이로 인해 다른 사람이 물건을 다시 사용할 수 있어서, 자원 낭비를 막을 수 있다. 사는 사람은 물건을 싸게 살 수 있고, 파는 사람은 수입이 생기기 때문에 서로에게 좋다.

일부 중고 거래 앱은 자신의 지역 사회 내에서 거래를 도와준다. 근처에 판매자가 있기 때문에, 직접 만나서 거래할 수 있다. 판매자와 구매자는 채팅을 통해 물건에 대해 문의할 수 있고 가격을 흥정할 수도 있다.

SPEECH PRACTICE

Using apps to easily **buy and sell used goods** has become very common. Statistics show that roughly **a quarter of** all Koreans use these apps.

In the past, people just **threw away items** that they didn't need. Now, people can use apps to sell items that they don't use, or that they can't **return for a refund**. This way, others can **make use of** the items again, preventing **a waste of resources**. The buyer can 025 get a good price, and the seller can **earn a profit**, so it's 026 a win-win.

Some apps for **trading used goods** make it easy to buy and sell in the local community. Since the seller is just **a stone's throw away**, people can 027 meet in person for a sale. The buyer and seller can also chat online to ask about the product, or **haggle over the price**.

KEY EXPRESSIONS

buy and sell used goods
중고 물품을 거래하다
a quarter of 4분의 1
throw away items 물건을 버리다
return (something) for a refund
~을 반품하여 환불 받다
make use of 활용하다
a waste of resources 자원 낭비
get a good price 좋은 가격을 받다
earn a profit 수익을 벌다
a win-win 서로에게 좋은 것
trade used goods 중고품을 거래하다
a stone's throw away 가까운 거리에
meet in person 직접 만나다
haggle over the price 가격을 흥정하다

PATTERN
PRACTICE

025 get a good price 좋은 가격을 받다

The buyer can get a good price.
구매자는 좋은 가격에 살 수 있다.

I can help you get a good price.
네가 괜찮은 가격에 살 수 있게 내가 도와줄 수 있어.

I got a good price for this car.
이 차 제법 좋은 가격에 샀어.

026 a win-win 서로에게 좋은 것

It's a win-win for both the buyer and the seller.
파는 사람, 사는 사람 모두에게 이익이다.

I thought the contract was a win-win, but they refused.
나는 서로 간에 이득인 계약이라 생각했는데, 그들은 거절했다.

Not every solution to a problem is a win-win.
문제에 대한 해결책이 항상 모두에게 이득이 될 수는 없다.

027 meet in person 직접 만나다

People can meet in person for a sale.
사람들은 직접 만나서 거래할 수 있다.

We can't meet in person right now because of the coronavirus.
코로나바이러스 때문에 우리는 지금 직접 만날 수는 없다.

I'm glad that we could finally meet in person.
우리가 드디어 직접 만날 수 있어 기쁘다.

DIALOGUE PRACTICE

A Is that a new tablet PC?

B Oh, this? Yeah, I **bought it used**. I **got a good price** for it.

A Really? It **looks brand new**!

B Yeah. It's used, but it **works just fine**.

A Good for you!

A 태블릿 PC 새로 산 거니?
B 아, 이거? 응, 중고 제품 산 거야. 괜찮은 가격에 샀어.
A 정말? 완전히 새것처럼 보이는데!
B 응. 중고이지만, 사용하는 데에는 전혀 문제 없어.
A 잘됐네!

COMPOSITION PRACTICE

1 내가 괜찮은 가격에 샀다고 생각하지 않아. (get a good price)

2 이 거래는 양쪽 모두에게 이득인 것 같다. (a win-win)

3 우리가 직접 만나면 내가 설명해 줄 수 있어. (meet in person)

4 처음 사는 거라면, 중고품을 사는 것이 좋아. (buy something used)

ANSWERS
1. I don't think I **got a good price**.
2. I think this deal is **a win-win**.
3. I can explain it to you if we **meet in person**.
4. If it's your first time, you should **buy it used**.

DAY
10

Coffee Shop Apps

음원 10

커피숍 앱

Today's TOPIC

10th

대형 커피숍 체인들은 자체적인 앱이 있다. 고객은 앱을 설치하고 음료를 살 때마다 포인트를 적립한다.

음료를 많이 살수록 고객 등급도 올라가고 혜택도 더 많아진다. 앱에 일정 금액을 미리 충전해서 그 돈으로 결제할 수도 있다.

커피숍 앱의 또 다른 유용한 기능은 앱으로 주문할 수 있다는 것이다. 심지어 매장 안에 들어가지 않고도 앱으로 주문할 수 있다. 주문은 자동으로 바리스타에게 전달된다. 음료가 준비되면, 앱에 입력된 고객명으로 호명한다. 이런 앱을 사용하는 고객의 수는 점점 증가하고 있다.

SPEECH PRACTICE

Large-scale coffee shop chains **have their own apps.** Customers install the apps, and use them to **accumulate points** whenever they buy beverages.

As they buy more drinks, their **membership level** goes up and they **receive** more **benefits.** You can **load money into** the app **in advance**, and use that money to pay.

Another 028 **useful feature** of coffee shop apps is that you can use them to **place an order**. Even without 029 **setting foot in** a café, you can order on the app. The order is automatically sent to the baristas. When your drink 030 **is good to go**, they call you by the name you registered on the app. The number of customers who use these apps **is on the rise.**

KEY EXPRESSIONS

large-scale 대형
have their own apps 자체적인 앱이 있다
accumulate points 포인트를 적립하다
membership level 회원 등급
receive a benefit 혜택을 받다
load money into ~에 돈을 충전하다
in advance 사전에
useful feature 유용한 기능
place an order 주문을 하다
set foot in 발을 들여놓다
be good to go 준비가 다 되다
be on the rise 증가세에 있다

028 useful feature 유용한 기능

A useful feature of coffee shop apps is that you can use them to place an order.
커피숍 앱의 유용한 기능은 앱으로 주문할 수 있다는 것이다.

This phone has a lot of useful features.
이 전화기에는 유용한 기능이 아주 많아.

It's a useful feature, but it doesn't always work well.
유용한 기능이기는 한데, 항상 잘 작동되는 것은 아니야.

029 set foot in 발을 들여놓다

You can order on the app without setting foot in a shop.
매장 안에 들어가지 않고도 앱으로 주문할 수 있다.

I don't even want to set foot in that building.
저 건물 안에 발도 들이고 싶지 않아.

I had never set foot in such a large stadium before.
그렇게 큰 경기장에는 들어가 본 적이 없었다.

030 be good to go 준비가 다 되다

When your drink is good to go, they call you by your name.
음료가 준비되면, 이름을 부른다.

I'll be good to go in five minutes.
5분 내로 갈 준비 다 할게.

The slides were good to go before the meeting started.
회의가 시작되기 전에 슬라이드는 모두 준비되었다.

DIALOGUE PRACTICE

A Let's order our drinks.

B Wow, a lot of people **are in line**. Let's just order from our table.

A Really? Can we do that?

B Sure! You choose a drink and **pay up** on the app. **There's nothing to it**.

A Wow, that's amazing!

A 음료 주문하자.
B 아이고, 줄이 기네. 그냥 테이블에 앉아서 주문하자.
A 정말? 그게 가능해?
B 그럼! 앱으로 음료 골라서 결제하면 돼. 엄청 간단해.
A 우와 신기하다!

COMPOSITION PRACTICE

1 신규 버전에는 처음 보는 유용한 기능이 몇 가지 있어. (useful feature)

2 그런 끔찍한 곳에는 발도 들여놓고 싶지 않아. (set foot in)

3 나만 빼고 모두가 준비가 다 된 상태였다. (be good to go)

4 줄을 선 사람이 워낙 많아서 일부는 밖에 서 있었다. (be in line)

ANSWERS
1. The new version has some **useful features** I've never seen before.
2. I would never **set foot in** such a terrible place.
3. Everyone **was good to go**, except for me.
4. So many people **were in line** that some were standing outside.

DAY
11

강의 11

Mobile Banking Apps

모바일 뱅킹 앱

Today's TOPIC

11th

나는 상당수의 은행 거래를 모바일 앱으로 처리한다. 가장 흔하게 하는 일은 입출금 명세를 확인하고 잔액을 확인하는 것이다. 급여가 입금되는 것을 확인하고, 여러 가지 요금이 자동 납부로 빠져나가는 것을 확인한다.

예전에는 은행마다 다른 앱을 사용해야 했다. 지금은 하나의 앱으로 여러 은행의 계좌를 관리할 수 있어서 매우 편리하다. 휴대 전화만 있으면, 하루 24시간 은행 업무를 볼 수 있어서 정말 좋다.

은행 앱을 사용하다 생겼던 문제 하나는 이체 한도였다. 제법 큰 금액을 이체할 일이 있었는데, 모바일 뱅킹으로 한 번에 이체할 수 있는 금액 상한선이 있었다. 또 하루에 이체할 수 있는 금액 상한선도 있었다. 은행 창구에 직접 가서 상한선을 늘리는 수밖에 없었다.

SPEECH PRACTICE

I 031 take care of a lot of my banking errands using a mobile app. Most commonly, I check the transaction records, or check my balance. I make sure my monthly pay has been deposited, and that various bills have been deposited automatically.

In the past, I needed a separate app for each bank. Now, I can keep track of several bank accounts with just one app. It's really convenient. The best part is that I can 032 run bank errands around the clock, as long as I have my phone.

One problem I had with banking apps was the bank transfer limit. I once had to transfer 033 a sizable amount of money. But there was a limit on the amount I could transfer in one go through mobile banking. I had no choice but to visit a bank in person and raise the limit.

KEY EXPRESSIONS

take care of 처리하다
banking errand 은행 거래 업무
check the transaction records 거래 명세를 조회하다
check one's balance 잔액을 조회하다
monthly pay 월 급여
deposit automatically 자동 납부하다
keep track of 관리하다
run an errand 볼일을 보다
around the clock 하루 24시간
bank transfer limit 이체 한도
a sizable amount of 상당한 양의
in one go 한 번에
have no choice but to ~하는 수밖에 없다

031 take care of 처리하다

I take care of a lot of my banking errands using a mobile app.
나는 상당수의 은행 거래를 모바일 앱으로 처리한다.

He promised he would take care of it.
그가 처리해 주겠다고 약속했어.

I have a couple of things I have to take care of.
처리해야 하는 일이 몇 가지 있어요.

032 run an errand 볼일을 보다

The best part is that I can run bank errands at any time.
어느 시간이라도 은행 업무를 볼 수 있어서 정말 좋다.

I had to spend the entire afternoon running errands.
나는 오후 내내 여러가지 볼일을 봐야 했다.

Can you run an errand for me, if you're not too busy?
너무 바쁘지 않으면 나 대신 심부름 좀 다녀와 줄 수 있어?

033 a sizable amount of 상당한 양의

I had to transfer a sizable amount of money.
제법 큰 금액을 이체할 일이 있었다.

It took a sizable amount of time to finish.
끝내는 데 상당히 긴 시간이 걸렸다.

She loaned me a sizable amount of money.
그녀가 상당히 큰 금액을 빌려줬어.

DIALOGUE PRACTICE

A What's wrong? Why are you so upset?

B I'm trying to **wire some money**, but the mobile banking app **won't work**.

A Why don't you **call customer service**?

B **What a bother**! I'm just going to use an ATM.

A That's another way.

A 왜 그래? 왜 그렇게 짜증이 나 있어?
B 돈을 좀 송금할까 하는데, 모바일 뱅킹 앱이 말을 잘 안 들어.
A 고객 센터에 전화해 보지 그래?
B 정말 귀찮아! 그냥 현금 입출금기를 사용해야겠어.
A 그것도 방법이지.

COMPOSITION PRACTICE

1 내가 내일 처리할게. (take care of)

2 어제는 온종일 볼일만 보러 다녔다. (run an errand)

3 앱으로 제법 큰 금액도 보낼 수 있어요. (a sizable amount of)

4 친구한테 돈을 송금해야 해. (wire some money)

ANSWERS 1. I'll **take care of** it tomorrow.
2. I had to **run errands** all day yesterday.
3. You can send **a sizable amount of** money using the app.
4. I have to **wire some money** to a friend.

DAY
12

Wireless Internet

무선 인터넷

음원 12

Today's TOPIC

12th

우리나라는 무선 통신이 매우 발달해 있는 국가이다. 5G 무선 통신망을 제법 일찍 상용화했고, 이제 6G 시대도 준비하고 있다. 5G는 기존 통신망보다 속도가 매우 빠르므로 휴대 기기로 할 수 있는 것이 훨씬 더 많아졌다.

더불어 학교, 사무실 건물, 커피숍, 호텔 등과 같은 대부분의 공공장소에서 와이파이를 사용할 수 있다. 심지어 기차나 비행기 안에서도 무선 인터넷을 사용할 수 있다. 많은 사람이 데이터를 자유롭게 사용하기 위해서 데이터 무제한 요금제를 사용하기도 한다.

우리 가족도 집에 무선 인터넷 환경을 만들었다. 거실에 무선 공유기가 설치되어 있어서, 집 어디서든 와이파이가 잡힌다. 노트북, 태블릿, 휴대 전화를 와이파이에 연결해서 인터넷을 사용한다. 거실에 있는 TV도 무선 인터넷을 연결해서 화면에 인터넷 영상을 재생해서 볼 수도 있다.

SPEECH PRACTICE

Wireless communication in Korea is **cutting-edge**. Korea **commercialized** its 5G network quite early and we are now getting ready for 6G. 5G is much quicker than earlier networks, so we can do a lot more with our **mobile devices**.

Most **public spaces** like schools, office buildings, coffee shops and hotels **offer Wi-Fi access**. We can even use wireless internet on trains or planes. Many people use 034 **unlimited data plans**, so they can use **all the data they need**.

My family has **set up a wireless environment** at our home. We **installed a wireless router** in the living room, so we can 035 **get a Wi-Fi signal** anywhere in the house. We **access the internet** on laptops, tablets and phones by **connecting to Wi-Fi**. The TV in the living room 036 **is also wirelessly connected**, so we can use it to watch videos online.

KEY EXPRESSIONS

cutting-edge 최신의
commercialize 상용화하다
mobile device 모바일 기기
public space 공공장소
offer Wi-Fi access 무선 인터넷을 제공하다
unlimited data plan 무제한 요금제
all the ~ someone needs 필요한 모든 ~
set up a wireless environment 무선 환경을 만들어 놓다
install a wireless router 무선 공유기를 설치하다
get a Wi-Fi signal 무선 인터넷 신호를 잡다
access the internet 인터넷에 접속하다
connect to Wi-Fi 무선 인터넷에 접속하다
be wirelessly connected 무선으로 연결되어 있다

PATTERN
PRACTICE

034 unlimited data plan 무제한 요금제

Many people use unlimited data plans.
많은 사람이 데이터 무제한 요금제를 사용한다.

Unlimited data plans are usually quite expensive.
무제한 요금제는 대부분 제법 비싸다.

If you use an unlimited data plan, you can get a discount on the phone.
무제한 요금제를 사용하면 휴대 전화를 할인가에 받을 수 있어.

035 get a Wi-Fi signal 무선 인터넷 신호를 잡다

We can get a Wi-Fi signal anywhere in the house.
집 어디서든 와이파이가 잡힌다.

You can get a Wi-Fi signal almost anywhere in Korea.
한국은 거의 어디에서나 무선 인터넷 신호가 잡힌다.

I can't use my tablet if I can't get a Wi-Fi signal.
무선 인터넷 신호가 잡히지 않으면 태블릿을 사용할 수 없어.

036 be wirelessly connected 무선으로 연결되어 있다

The TV in the living room is also wirelessly connected.
거실에 있는 TV도 무선 인터넷을 연결했다.

Most new devices these days are wirelessly connected.
요즘 신규 기기는 대부분 무선으로 연결된다.

Wirelessly connected speakers sound just as good.
무선 스피커도 음질이 똑같이 좋아.

DIALOGUE PRACTICE

A Is your phone **working okay**? Can you **get a signal**?

B Yeah, it's working fine. Why? Is yours not working?

A No, **I've got no bars**.

B Try **turning it off** and **back on again**. That usually works.

A Got it. I'll try that.

A 휴대 전화 정상적으로 작동하니? 신호 잡혀?
B 응. 멀쩡하게 잘 되는데. 왜? 휴대 전화가 잘 안 돼?
A 응. 신호가 아예 안 터져.
B 한번 껐다가 다시 켜봐. 그러면 보통 해결되더라.
A 알았어. 한번 해 볼게.

COMPOSITION PRACTICE

1 커피숍에 가면 분명히 무선 인터넷이 있을 거야. (offer Wi-Fi access)

2 나는 데이터 무제한 요금제까지는 필요하지 않아. (unlimited data plan)

3 난 무선 인터넷 신호가 안 잡히면 짜증나. (get a Wi-Fi signal)

4 이어폰이 무선으로 연결되어 있는지 확인해. (be wirelessly connected)

ANSWERS 1. I'm sure the coffee shop **offers Wi-Fi access.**
2. I don't really need an **unlimited data plan.**
3. I get frustrated when I can't **get a Wi-Fi signal.**
4. Make sure the earphones **are wirelessly connected.**

DAY
13

Remote Video Classes

음원 13

원격 화상 수업

Today's TOPIC

13th

코로나19라는 것이 있기 전에는, 학생들은 직접 등교해서 수업을 들었다. 그러나 코로나 이후에는 줌(Zoom) 플랫폼을 이용한 화상 수업이 보편화되었다. 이런 수업 방식에는 분명히 일장일단이 있다.

일단, 집에서 편하게 수업을 들을 수 있어서 좋다. 또한, 옷을 예쁘게 입지 않아도 되어서 좋다. 등하교하는 시간도 아낄 수 있다. 그 시간을 더 잘 활용할 수 있다.

반면, 집에서 너무 편하게 수업을 듣기 때문에 집중력이 떨어지는 경우가 있다. 가끔 정신이 산만해서 선생님 말씀에 경청하지 않을 때도 있다. 그리고 과제 제출이나 조별 활동 등이 더 어려울 때도 있다.

SPEECH PRACTICE

Before COVID-19 037 **became a thing**, students went to school **in person** to **attend classes**. But after **the COVID-19 pandemic**, **remote video classes** on the Zoom platform **have become common**. Having classes this way definitely has its **pros and cons**.

First of all, it's nice to **attend classes** 038 **from the comfort of my own home**. Plus, I don't need to **dress nicely**. I can save the time it would take to go to school and come back home. I can **make better use of that time**.

However, I sometimes **lose focus** because I attend classes from home. I sometimes **get distracted**, and don't 039 **pay attention to** what the teacher is saying. **Handing in assignments** or **doing group activities** has also become much more difficult.

KEY EXPRESSIONS

become a thing 생겨나다, 현실이 되다
in person 직접
attend classes 수업을 듣다
the COVID-19 pandemic 코로나19 팬데믹
remote video classes 원격 화상 수업
have become common 보편화되다
pros and cons 장단점
attend classes from home 집에서 수업을 듣다
from the comfort of one's own home 집에서 편하게
dress nicely 옷을 예쁘게 입다
make better use of time 시간을 더 잘 활용하다
lose focus 집중력이 깨지다
get distracted 주의가 산만해지다
pay attention to ~에 집중하다
hand in assignments 과제를 제출하다
do group activities 조별 활동을 하다

PATTERN
PRACTICE

037 **become a thing** 생겨나다, 현실이 되다

Before COVID-19 became a thing, students went to school in person.

코로나19라는 것이 있기 전에는, 학생들은 직접 등교했다.

I didn't know electric cars would become a thing so quickly.

전기 자동차가 이렇게 빨리 보편화될 것이라고는 생각하지 못했다.

How did people do work before email became a thing?

이메일이라는 것이 생기기 전에 사람들은 어떻게 일을 했을까?

038 **from the comfort of one's own home**
집에서 편하게

It's nice to attend classes from the comfort of my own home.

집에서 편하게 수업을 들을 수 있어서 좋다.

I prefer to work from the comfort of my own home.

나는 편하게 재택근무하는 것을 선호해.

These days, it's easy to watch new movies from the comfort of one's own home.

요즘은 집에서도 편하게 새로 개봉한 영화를 볼 수 있다.

039 **pay attention to** ~에 집중하다

I sometimes don't pay attention to what the teacher is saying.

가끔 선생님 말씀에 경청하지 않을 때도 있다.

I made a mistake because I didn't pay attention to the directions.

나는 지시 사항을 집중해서 듣지 않아서 실수하고 말았다.

You should pay attention to how your child reacts.

아이가 어떻게 반응하는지에 대해 집중해야 한다.

DIALOGUE PRACTICE

A Are you **taking remote video classes**?

B Yes, I am. They are very convenient.

A I think so, too.

B I like to **participate in the chat window** during class.

A Yeah, it's nice to **get instant feedback** that way.

A 원격 화상 수업 듣고 있어요?
B 네, 맞아요. 상당히 편리해요.
A 저도 그렇게 생각해요.
B 저는 수업 중에 채팅창에 참여하는 것을 좋아해요.
A 네, 그렇게 즉각적인 피드백을 받으면 좋은 것 같아요.

COMPOSITION PRACTICE

1 스마트폰이라는 것이 나오기 전에는 사람들은 서로 대화를 더 많이 했다. (become a thing)

2 요즘은 많은 사람이 집에서 편하게 쇼핑을 한다. (from the comfort of one's own home)

3 강의에 집중했다면, 시험이 어렵지 않을 것이다. (pay attention to)

4 즉각적인 피드백을 받을 수 있는 것이 상당히 도움이 된다. (get instant feedback)

ANSWERS
1. Before smartphones **became a thing**, people talked to each other more.
2. These days, many people shop **from the comfort of their own homes**.
3. If you **paid attention to** the lectures, the test will be easy.
4. Being able to **get instant feedback** is really helpful.

DAY 14

Virtual Reality(VR)

가상 현실

음원 14

Today's TOPIC

14th

요즘 전자 기기 매장을 가면, 가상 현실 체험을 할 수 있는 VR 기기를 접할 가능성이 크다. 3D 영상은 사용자가 진짜 그 상황에 있다는 느낌을 준다.

또한 여타 다른 기기와 함께 이용하면, 더욱더 현실감 있는 체험을 할 수 있다. 특수 장치와 VR이 있으면 롤러코스터와 같은 놀이 기구를, 집에서도 체험할 수 있다. 게임 컨트롤러와 VR이 결합하면, 스포츠나 격투 게임 등도 직접 현실 속에서 즐기는 것처럼 즐길 수 있다.

IT 상품이 빨리 정착하는 우리나라에서는 가상 현실을 체험할 수 있는 곳이 많다. 아직 초창기라서 VR 콘텐츠가 많이 부족한 편이다. 그렇지만, 무한한 잠재력이 있는 성장 분야임은 분명하다.

SPEECH PRACTICE

In **electronics stores** these days, you're likely to **come across VR equipment** used to experience **virtual reality.** 3D video is used to **recreate the sensation** of being in an actual situation.

Used 040 **in tandem with** other equipment, the **sense of reality** becomes even stronger. With special equipment and VR, users can experience **amusement park rides** like roller coasters right at home. Combining game controllers and VR allows users to enjoy sports or fighting games **as if they were in reality.**

IT products 041 **take root** quickly in Korea, so there are many places where people can experience VR. There isn't a lot of **VR content** yet because VR equipment is still **in the early stages.** However, it's definitely a field with **infinite** 042 **growth potential.**

KEY EXPRESSIONS

electronics stores 전자 기기 매장
come across 우연히 접하다
VR equipment 가상 현실 기기
virtual reality 가상 현실
recreate a sensation 느낌을 재현하다
in tandem with ~와 더불어
sense of reality 현실감
amusement park ride 놀이 기구
as if they were in reality
마치 현실 세계에 있는 것처럼
take root 자리매김하다, 뿌리내리다
VR content 가상 현실 콘텐츠
in the early stages 초창기
infinite 무한한
growth potential 성장 잠재력

040 in tandem with ~와 더불어

VR equipment can be used in tandem with other equipment.
VR 기기는 다른 기기와 함께 사용할 수 있다.

A diet is more effective in tandem with exercise.
다이어트는 운동과 병행하면 더욱더 효과적이다.

We worked in tandem with other employees to solve the problem.
우리는 다른 직원들과 함께 문제를 해결하려고 노력했다.

041 take root 자리매김하다, 뿌리내리다

New IT products take root quickly in Korea.
한국에서는 신규 IT 제품이 빠르게 자리잡는다.

The trend quickly took root among youngsters.
그 추세는 젊은이들 사이에서 빠르게 자리잡았다.

Smartphones took root more quickly than anyone expected.
스마트폰은 어느 누가 예상했던 것보다 빠르게 정착했다.

042 growth potential 성장 잠재력

It's definitely a field with infinite growth potential.
무한한 성장 잠재력이 있는 분야임은 분명하다.

It's a popular product, but it doesn't have much growth potential.
인기 있는 제품이지만 성장 잠재력은 크지 않다.

I think your business item has enormous growth potential.
당신의 사업 아이템은 성장 잠재력이 무한한 것 같아요.

DIALOGUE PRACTICE

A I don't know what to do this weekend.

B How about a VR café? I went to one last week.
It was **a lot of fun**.

A Really? What was it like?

B It was **a real eye-opener**. There is a lot of **amazing content**.

A Maybe I should **check it out**.

A 이번 주말에는 무엇을 할지 모르겠어.
B VR 카페 어때? 나 지난주에 가봤어. 정말 재미있더라.
A 진짜? 어땠어?
B 정말 놀라운 경험이었어. 신기한 콘텐츠가 아주 많아.
A 나도 가서 한번 체험해 볼까?

COMPOSITION PRACTICE

1 그녀의 아이디어가 회사에서 이내 자리매김했다. (take root)

2 시장의 현 규모보다는 성장 잠재력이 더 중요하다. (growth potential)

3 그 기술은 아직 초기 단계에 있다. (in the early stages)

4 같이 가서 한번 보면 어떨까? (check it out)

ANSWERS
1. Her ideas soon **took root** at the company.
2. The market's **growth potential** is more important than its current size.
3. That technology is still **in the early stages**.
4. Why don't we go **check it out**?

DAY
15

Metaverse

메타버스

음원 15

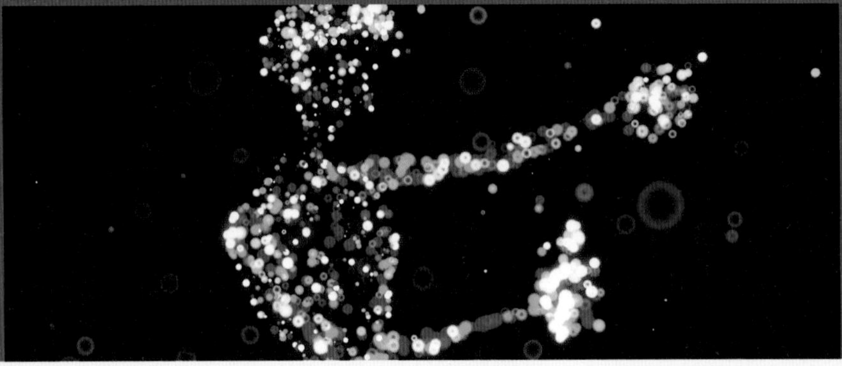

Today's TOPIC

15th

메타버스는 현실 세계와 같은 방식으로 사회, 경제, 문화 활동이 이루어지는 3차원의 가상 세계를 가리킨다. 이 용어는 '초월'을 뜻하는 단어 '메타(meta)'와 '우주'를 뜻하는 '유니버스(universe)'의 합성어이다. 메타버스는 가상현실(VR)보다 한 단계 더 진화한 개념이다. 실제 현실과 같은 활동을 메타버스 안에서 할 수 있다는 특징이 있다.

나는 최근 라이브 공연 무대를 모션 카메라로 촬영해, 실시간으로 메타버스 세상 속에서 재현해 내는 것을 본 적이 있다. 그것을 보면서, 가까운 미래에 메타버스가 VR 요소와 결합하여, 우리의 삶에 깊숙이 스며들 것이라는 생각이 들었다.

메타버스는 현재의 소셜 미디어보다 어쩌면 더 강력한 힘을 갖게 될 매체가 될 수 있다. 저도 직접 메타버스 세상에 참여하며, 주체적으로 그 가능성을 탐구해 보고 싶다.

SPEECH PRACTICE

A metaverse is a 3D virtual world where social, economic, and cultural activities **take place**, just like 043 **in real life**. The word combines 'meta,' which means 'beyond,' and 'universe.' A metaverse **goes a step beyond** virtual reality(VR). Its 044 **defining trait** is that people can **perform the same activities** in it as they would **in the real world**.

I recently saw a **live performance** filmed with motion cameras and recreated 045 **in real time** in a metaverse. Watching that performance, I thought that metaverses will soon **fuse with** VR elements and really take root in our lives.

Metaverses may become an even more **powerful medium** than our current social media. I would like to **take part in** these metaverse worlds, **exploring the possibilities** for myself.

KEY EXPRESSIONS

take place 일어나다
in real life 현실에서
go a step beyond 한발 더 나아가다
defining trait 가장 큰 특징
perform the same activities 같은 활동을 하다
in the real world 현실 세계에서
live performance 라이브 공연
in real time 실시간으로
fuse with ~와 융합하다
powerful medium 강력한 매체
take part in ~에 참여하다
explore the possibilities 가능성을 탐구하다

PATTERN
PRACTICE

043 in real life 현실에서

Social, economic, and cultural activities take place there, just like in real life.

그곳에서는 현실 세계와 같은 방식으로 사회, 경제, 문화 활동이 이뤄집니다.

We haven't met in real life yet.

우리는 아직 실제로 만난 적은 없다.

That happens often in movies, but never in real life.

그런 일은 영화에서 자주 있지만, 현실에서는 벌어지지 않는다.

044 defining trait 가장 큰 특징

Its defining trait is that people can perform everyday activities in it.

그 안에서 일상 활동을 할 수 있다는 특징이 있습니다.

The camera is this phone's defining trait.

이 휴대폰의 핵심 특징은 바로 카메라이다.

The freshness of the ingredients is the restaurant's defining trait.

재료의 신선함이 그 음식점의 주요 특징이다.

045 in real time 실시간으로

The concert was recreated in real time in a metaverse.

그 콘서트는 메타버스에서 실시간으로 재현되었다.

It is very helpful to get information in real time.

정보를 실시간으로 얻을 수 있으면 큰 도움이 된다.

You can get the news in real time nowadays.

이제는 뉴스를 실시간으로 접할 수 있다.

DIALOGUE PRACTICE

A The word 'metaverse' **is on everyone's lips** these days.

B That's right. I hear people **bring it up** a lot more often than in the past.

A It lets us **live our daily lives** inside a **virtual world**.

B That's right.

A I think it's really going to **make waves** in our lives.

A 요즘 메타버스가 사람들 입에 많이 오르내려요.
B 맞아요. 예전보다 제법 자주 듣게 되는 것 같아요.
A 우리 일상생활을 가상 세계에서 할 수 있잖아요.
B 맞아요.
A 우리 삶에 제법 큰 여파가 있을 것 같아요.

COMPOSITION PRACTICE

1 현실에서는 그 정도 부상이라면 치명적일 수도 있다. (in real life)

2 저렴한 가격이 그 브랜드의 가장 큰 특징이다. (defining trait)

3 요즘 그 밴드가 온통 화제이다. (be on everyone's lips)

4 그 신기술이 큰 여파를 가져올 것으로 예상된다. (make waves)

ANSWERS
1. **In real life**, an injury like that could be fatal.
2. Low prices are the brand's **defining trait.**
3. That band **is on everyone's lips** these days.
4. That new technology is expected to **make waves.**

CHAPTER 2

TRAVELING
여행

RELATED QUESTIONS

주제별 스피치 향상을 위한 질문 모음

Try to answer the questions based on each topic.

DAY 16 TOPIC 패키지여행

1 Do you prefer package trips, or creating your own itineraries? Explain your reason.
2 Why do you think package trips are especially popular among families and elderly travelers?
3 Describe what would be an ideal package trip for you.

DAY 17 TOPIC 자유 여행

1 Do you prefer travel packages, or planning your own trips? Explain your preference.
2 Describe how you would plan a trip overseas.
3 Where and how do you find the information you need before going on a trip?

DAY 18 TOPIC 해외여행

1 What are some things to prepare before traveling abroad?
2 Talk about the most memorable country you have visited in the past. Describe your experience.
3 Talk about a country you would like to visit in the future. Why do you want to go there?

DAY 19 TOPIC 여행 후유증

1 Describe a time when you got sick after traveling.
2 What are some good ways to prevent jet lag?
3 Share some tips that may help people to recover from the aftereffects of a trip.

DAY 20 TOPIC 호텔

1. How do you decide which hotels to stay at?
2. Talk about a memorable hotel you stayed at.
3. Talk about some problems you've experienced at hotels.

DAY 21 TOPIC 호캉스

1. What are the benefits of hotel vacations?
2. Talk about a time when you went on a hotel vacation. How was it?
3. How do you choose a hotel or a resort? What are some important features you consider?

DAY 22 TOPIC 펜션

1. Compare vacation cabins to hotels. What are their pros and cons?
2. How do you find a vacation cabin to stay at? What are some things you focus on?
3. Describe the things you do when you first arrive at a vacation cabin.

DAY 23 TOPIC 캠핑

1. Explain the differences and similarities between camping and 'glamping.'
2. Why do you think camping has become so popular in recent years?
3. Describe some things you like to do while you are on a camping trip.

RELATED QUESTIONS

주제별 스피치 향상을 위한 질문 모음

Try to answer the questions based on each topic.

DAY 24 TOPIC 렌터카

1 When are some times that people have to rent cars?
2 Talk about a time you or someone you know rented a car.
3 Share some tips as to how we can save money when renting a car.

DAY 25 TOPIC 놀이공원

1 Do you think theme parks are just for kids? Why or why not?
2 What are your favorite things to do at a theme park?
3 If you could design a theme park, describe what it would be like.

DAY 26 TOPIC 워터파크

1 Talk about the last time you went to a waterpark.
2 What are some important rules to stay safe at a waterpark?
3 Why do you think kids especially like to go to waterparks?

DAY 27 TOPIC 해변

1 Do you prefer beaches or mountains? Explain your preference.
2 Why do you think so many people go to the beach during the summer?
3 Share some tips you have for having a good time at the beach.

DAY 28 TOPIC 제주도 한 달 살기

1 Describe what makes Jeju so special, compared to other parts of Korea.
2 If you could live anywhere for a month, where would it be?
3 What are some things you would do if you could live in Jeju for a month?

DAY 29 TOPIC 초고속 열차

1 Talk about the last time you were on a bullet train. What was your experience like?
2 How have bullet trains changed our lives over the years?
3 What is your favorite way to travel? Why do you like it so much?

DAY 30 TOPIC 항공 수하물 규정

1 Describe a time when you had issues while traveling because of your luggage.
2 Share some tips for packing efficiently when you travel.
3 Do you prefer to check your baggage, or carry it on board? Explain why.

DAY
16

Package Trips

패키지여행

음원 16

Today's TOPIC

16th

나는 여행을 갈 때 주로 패키지여행 상품을 선호한다. 항공권, 호텔, 현지 비용이 하나로 묶여 패키지로 제공한다. 여러 요금에 할인이 적용되어, 조금 더 저렴한 가격에 여행을 갈 수 있다.

그리고 내가 직접 예약하지 않아도 되기 때문에 시간이 덜 들어가기도 한다. 여행사 직원의 상담도 받을 수 있어서, 궁금증을 해결할 수도 있다.

여기저기 돌아다니는 관광 여행인 경우, 단체 여행 패키지는 장점이 많다. 투어 가이드가 따라다니며 사람들을 안내한다. 그래서 길을 잃어 시간을 낭비하지 않을 수 있다. 처음 가는 지역을 방문할 때는 특히 유용하다. 또한 다양한 단체 할인을 적용받을 수도 있어서 좋다.

SPEECH PRACTICE

I tend to prefer package trips when I go on vacations. The flights, hotels and local fees are grouped together and offered as a package. Various costs are offered at discounted rates, so I can travel at a lower price.

It's also less 046 time-consuming because I don't have to make reservations myself. I can also consult with a travel agent to get answers to any questions I might have.

For sightseeing trips where I move around a lot, group tour packages 047 have a lot to offer. A tour guide leads the group. That means I don't have to waste time by getting lost. It's especially useful when I visit a place for the first time. It's also nice to 048 get group rates for various costs.

KEY EXPRESSIONS

tend to prefer 주로 선호하다
package trip 패키지여행
go on vacations 휴가를 가다
local fees 현지 비용
be grouped together 하나로 묶여 있다
at discounted rates 할인된 가격으로
time-consuming 시간이 많이 소요되는
make a reservation 예약하다
consult with a travel agent 여행사 직원과 상담하다
sightseeing trip 관광 여행
move around a lot 많이 돌아다니다
group tour 단체 여행
have a lot to offer 장점이 많다, 얻을 것이 많다
waste time 시간 낭비하다
get lost 길을 잃다
for the first time 처음으로
get a group rate 단체 할인을 받다

046 time-consuming 시간이 많이 소요되는

It's less time-consuming because I don't have to make reservations myself.
직접 예약하지 않아도 되기 때문에 시간이 덜 들어간다.

I enjoy cooking, but it's so time-consuming.
요리하는 것을 좋아하는데, 시간이 너무 많이 걸려.

I waited until the weekend because I thought it would be time-consuming.
시간이 많이 소요될 것 같아서 주말이 될 때까지 기다렸다.

047 have a lot to offer 장점이 많다, 얻을 것이 많다

Group tour packages have a lot to offer.
단체 여행 패키지는 장점이 많다.

I think the class had a lot to offer.
수업에서 배울 점이 아주 많았다고 생각해.

If you talk to him, you will realize that he has a lot to offer.
그 친구와 대화를 나눠 보면, 그에게서 얻을 것이 많다는 것을 알게 될 거야.

048 get a group rate 단체 할인을 받다

It's nice to get group rates for various costs.
다양한 단체 할인을 받을 수 있어서 좋다.

You can get a group rate if you go with your friends.
친구들과 함께 가면 단체 할인을 받을 수 있어.

To get a group rate, you have to make a reservation in advance.
단체 할인을 받으려면 미리 예약해야 한다.

DIALOGUE PRACTICE

A I heard you're **going on a vacation** with your family.

B Yeah. We're leaving next week. It's been such a long time.

A How long will you be gone?

B The **itinerary** is for 7 days.

A Did you **book a package tour** with a travel agency?

A 너 가족하고 휴가 간다고 들었어.
B 응. 다음주에 출발해. 진짜 오랜만에 가는 거야.
A 얼마나 길게 가?
B 6박 7일로 다녀올 예정이야.
A 여행사 패키지여행 상품 예약했어?

COMPOSITION PRACTICE

1 전부 수작업으로 해야 해서 시간이 많이 소요되었다. (time-consuming)

2 이 책은 장점이 아주 많은 것 같아. (have a lot to offer)

3 우리는 함께 가서 단체 할인을 받았다. (get a group rate)

4 작년에는 너무 바빠서 휴가도 못 다녀왔다. (go on a vacation)

ANSWERS
1. It was **time-consuming** to do it all by hand.
2. I think this book **has a lot to offer**.
3. We **got a group rate** because we all went together.
4. I was so busy last year that I couldn't even **go on a vacation**.

DAY 17

Self-planned Trips

자유 여행

음원 17

Today's TOPIC

17th

예전에는 여행을 계획할 때 여행사 풀 패키지를 이용하는 사람이 많았다. 그러나 요즘은 자유 여행을 선호하는 사람이 점점 늘어나고 있다.

일단, 인터넷에 여행 관련 정보가 워낙 많다. 여행 블로그나 유튜브 채널도 많고, 일반인도 SNS에 여행 사진을 자주 포스팅한다. 이런 게시물을 보고, 본인이 직접 여행 계획을 세우기가 더 쉬워졌다.

이 같은 추세에 발맞춰서, 여행사도 여러 종류의 자유 여행 패키지 상품을 취급하고 있다. 예를 들어, 신혼여행도 다양한 서비스를 제외하고, 항공권과 호텔 숙박만 제공하는 패키지가 있다. 이런 간소화된 자유 여행 패키지 상품도 많이 나오고 있다.

SPEECH PRACTICE

In the past, people often picked all-inclusive travel packages when planning a trip. But these days, more and more people are 049 gravitating toward self-planned trips.

First of all, there is a huge amount of travel information online. There are travel blogs and YouTube channels, and ordinary people take travel photos which they then post on social media. This has made it much easier for someone to plan their own trip.

To 050 keep up with this trend, travel agencies are offering various self-planned trip packages. For example, there are 051 flight and hotel packages for honeymoons. They leave out other additional services. These pared-down and simplified packages are becoming more common.

KEY EXPRESSIONS

all-inclusive travel package
풀 패키지 여행 상품
plan a trip 여행을 계획하다
gravitate toward
~쪽으로 마음이 가다, ~을 선호하다
self-planned trip 자유 여행
a huge amount of 엄청나게 많은
travel information 여행 정보
travel blog 여행 블로그
ordinary people 일반인
travel photo 여행 사진
post on social media SNS에 올리다
plan one's own trip
자신만의 여행을 계획하다
keep up with ~과 발맞추다
flight and hotel package
항공권 숙박 패키지
leave out 제외하다
pared-down 간소화된
simplified 단순화된

PATTERN
PRACTICE

049 gravitate toward ~쪽으로 마음이 가다, ~을 선호하다

More and more people are gravitating toward self-planned trips.
자유 여행을 선호하는 사람이 점점 늘어나고 있다.

My husband mostly reads self-help books, but I gravitate toward novels.
남편은 주로 자기계발서를 읽는데, 나는 소설을 선호한다.

I gravitate toward smaller restaurants these days.
요즘은 규모가 작은 음식점을 선호하게 돼.

050 keep up with 발맞추다

To keep up with this trend, travel agencies offer various self-planned trip packages.
이 같은 추세에 발맞춰서, 여행사도 여러 종류의 자유 여행 패키지를 취급하고 있다.

The phone has some new features to keep up with the trends.
최근 추세에 발맞춰 휴대 전화에 신규 기능이 몇 가지 추가되었어.

It's hard for me to keep up with newly-released songs these days.
나는 요즘 새로 출시된 곡을 다 파악하기가 힘들어.

051 flight and hotel package 항공권 숙박 패키지

There are flight and hotel packages for honeymoons.
신혼여행도 항공권과 호텔 숙박만 제공하는 패키지가 있다.

We traveled to Europe on a flight and hotel package.
항공권과 숙박 패키지로 유럽에 다녀왔다.

Usually, a flight and hotel package is cheaper.
대부분은 항공권과 숙박 패키지가 더 저렴해.

DIALOGUE PRACTICE

A When was the last time you traveled somewhere?

B It was last year. I've **been stuck at home** for quite a while.

A Did you go on a **package tour**?

B No, I think I looked at some **travel reviews** and **planned my own trip**.

A Oh, so it was **a self-planned trip**.

A 여행 마지막으로 다녀온 게 언제니?
B 작년이지. 한동안 집에만 있었어.
A 패키지 상품 이용해서 갔어?
B 아니, 여행 후기 몇 개 찾아보고, 직접 계획해서 갔어.
A 아, 자유 여행으로 간 거구나.

COMPOSITION PRACTICE

1 나는 요즘 재즈 음악에 마음이 가. (gravitate toward)

2 나는 나이가 들어서 요즘 유행은 도저히 못 따라가겠어. (keep up with)

3 우리는 미리 예약해서 항공권과 숙박 패키지를 저렴하게 샀다. (flight and hotel package)

4 평생 그렇게 무서웠던 적이 없었어. (of my life)

ANSWERS
1. I'm **gravitating toward** jazz music these days.
2. I'm too old to **keep up with** the latest trends.
3. We got a cheap **flight and hotel package** by booking early.
4. It was the scariest moment **of my life**.

DAY
18

Overseas Trips

해외여행

음원 18

Today's TOPIC

18th

해외여행을 계획할 때, 가장 먼저 고려하는 것은 목적지이다. 친구들이 추천해 주는 곳을 가장 먼저 생각하고, 인터넷을 검색해서 찾아보기도 한다.

목적지가 정해지면, 그다음 숙박, 교통, 음식, 이 세 가지를 고민한다. 숙소는 가격이 적당하면서도 편안한 곳으로 정한다. 주변 관광지와 접근성도 생각한다. 현지에서 어떻게 돌아다닐지도 따져 본다. 마지막으로 현지 정통 요리를 먹어 보기 위해 가볼 만한 음식점 몇 군데 목록을 정한다.

나는 해외여행을 가면 관광하는 것을 좋아한다. 역사적 유적지나 관광 명소를 자주 방문한다. 이런 곳을 둘러보며 사진을 많이 찍는다. 여행 중에 실시간으로 사진을 인터넷에 게시하는 것을 좋아한다.

나는 해외여행 중에 쇼핑하는 것도 좋아한다. 공항 면세점에서 가족이나 친구들의 선물을 사기도 한다.

SPEECH PRACTICE

When I make plans to travel overseas, I think about the destination first. I first consider places that my friends highly recommend. I also do some searches online.

After I settle on a destination, I consider lodging, transportation and food. I look for a comfortable 052 place to stay at a reasonable price. I also consider the proximity to nearby tourist attractions. I also think about how to get around. Finally, I make a list of restaurants worth visiting, to 053 get a taste of the local cuisine.

I like to 054 go sightseeing when I travel overseas. I often visit historic sites or local landmarks. I take a lot of pictures while I look around these places. I like to post them online in real time.

Finally, I do a lot of shopping as well when I'm traveling overseas. I also go to duty free shops at airports to get gifts for friends and family.

KEY EXPRESSIONS

make a plan 계획을 세우다
travel overseas 해외여행을 가다
highly recommend 강력하게 추천하다
do some searches online 인터넷 검색을 하다
settle on ~로 결정하다
lodging 머물 장소, 숙소
place to stay 머물 장소
reasonable price 합리적인 가격
proximity to 접근성
tourist attraction 관광 명소
get around 돌아다니다
worth visiting 가볼 만한
get a taste of 맛보다
local cuisine 현지 요리
go sightseeing 관광하다
historic site 역사적 유적지
local landmark 현지 유명한 장소
take a picture 사진을 찍다
post something online 인터넷에 게시하다
in real time 실시간으로
duty free shop 면세점

052 place to stay 머물 장소, 숙소

I look for a comfortable place to stay at a reasonable price.
가격이 적당하면서도 편안한 숙소를 찾는다.

If you need a place to stay, don't hesitate to call me.
지낼 곳이 필요하면 고민하지 말고 전화해 주세요.

We found a cheap place to stay during our trip.
여행 중에 묵을 저렴한 숙소를 찾았다.

053 get a taste of 맛보다

I usually make a list of restaurants to get a taste of the local cuisine.
나는 주로 현지 정통 요리를 먹어보기 위해 음식점 몇 군데 목록을 정한다.

I got a taste of the movie by watching the trailer.
예고편을 보면서 그 영화가 어떤 느낌일지 미리 보았다.

This is a great place to get a taste of Korean food.
이곳은 한식을 맛보기에 아주 좋은 곳입니다.

054 go sightseeing 관광하다

I like to go sightseeing when I travel overseas.
나는 해외여행을 가면 관광하는 것을 좋아한다.

People like to go sightseeing when they visit new places.
사람들은 새로운 장소를 방문하면 관광하는 것을 좋아한다.

We decided to go sightseeing while we were there.
우리는 거기에 있는 동안 관광하기로 결정했다.

DIALOGUE PRACTICE

A I'm going to Thailand for my summer vacation this year.

B Wow, that's great! I went there last year, and I **had a great time**.

A Do you **have any pointers**?

B I'll give you a list of **places you should check out**.

A Thanks. It's my **first time going there**.

A 나 올해 여름휴가는 태국으로 가.
B 우와, 잘됐네! 나도 작년에 거기 갔는데, 정말 즐거웠어.
A 조언해 줄 것 좀 있어?
B 가 볼 만한 장소 몇 군데 알려 줄게.
A 고마워. 난 처음 가 보는 것이라서.

COMPOSITION PRACTICE

1 머물 숙소가 필요한데, 호텔들은 너무 비싸. (place to stay)

2 태국 음식은 처음 맛보는 것이었다. (get a taste of)

3 회사가 최종 결과를 인터넷에 게시했다. (post something online)

4 실시간으로 현황 보고를 받았다. (in real time)

ANSWERS 1. We need a **place to stay**, but the hotels are too expensive.
2. It was my first time **getting a taste of** Thai food.
3. The company **posted t**he final results **online**.
4. I received status reports **in real time**.

DAY 19

Aftereffects of Traveling

여행 후유증

음원 19

Today's TOPIC

19th

나는 항상 여행에서 즐거운 추억을 많이 만들고 온다. 그러나 여행에서 돌아오면 여러 가지 후유증에 시달리게 된다. 일단 장거리를 이동하고 온 뒤라 몸이 피곤함을 느낀다. 특히 야외 활동을 많이 한 경우에는, 근육통이 있을 수 있다.

또한 해외여행을 하고 온 후에는 시차 적응이 되지 않아 고생하는 때도 있다. 그래서 여행을 다녀오고 나서는 충분한 휴식을 취하는 것이 좋다.

나는 몇 달 전에 해외여행을 다녀왔다. 집에 도착하자 몸이 몹시 피곤했다. 그다음 날은 온몸이 뻐근했다. 거동하기가 불편할 정도였다. 그리고 뜨거운 햇볕 아래에서 많은 시간을 보내고 온 터라, 피부가 많이 탔다. 처음에는 피부가 붉게 변했는데, 시간이 지나니, 탄 살이 벗겨지기 시작했다.

SPEECH PRACTICE

I always return from trips with fond memories. However, I also suffer from the aftereffects of traveling. I feel physically tired from traveling long distances. Especially after a lot of outdoor activities, I get muscle pains.

After traveling abroad, I also 055 suffer from jet lag. That's why it's best to 056 get plenty of rest after returning from a trip.

A few months ago, I went on an overseas vacation. When I got home, I was dead tired. The next day, I 057 felt sore all over. It was hard to move around. I had spent a lot of time in direct sunlight, so I got sunburned. At first, my skin turned red. After a while, my skin began to peel off.

KEY EXPRESSIONS

fond memory 좋은 추억
suffer from the aftereffects 후유증에 시달리다
feel physically tired 몸이 피곤하다
travel long distances 장거리를 이동하다
outdoor activities 야외 활동
get muscle pains 근육통이 오다
travel abroad 해외여행을 가다
suffer from jet lag 시차로 인해 고생하다
get plenty of rest 충분한 휴식을 취하다
go on an overseas vacation 해외여행을 가다
be dead tired 몹시 피곤하다
feel sore all over 온몸이 쑤시다
in direct sunlight 직사광선 아래에서
get sunburned 햇볕에 화상을 입다
turn red 붉게 변하다
peel off 벗겨지다

055 suffer from jet lag 시차로 인해 고생하다

After traveling abroad, I suffer from jet lag.
해외여행을 다녀온 후에 시차 적응이 되지 않아 고생한다.

I suffered from jet lag when I came back from my vacation.
나는 휴가를 마치고 돌아와서 시차 적응이 되지 않아 힘들었다.

I slept throughout the whole flight so that I wouldn't suffer from jet lag.
시차 때문에 고생하지 않기 위해 비행 내내 잤다.

056 get plenty of rest 충분한 휴식을 취하다

That's why it's best to get plenty of rest after returning from a trip.
그래서 여행을 다녀오고 나서는 충분한 휴식을 취하는 것이 좋다.

I got plenty of rest last weekend.
지난 주말에는 충분히 쉬었어.

You should get plenty of rest when you catch a cold.
감기에 걸리면 충분한 휴식을 취하는 것이 좋다.

057 feel sore all over 온몸이 쑤시다

The next day, I felt sore all over.
그다음 날 온몸이 뻐근했다.

I felt sore all over because I slept on the sofa.
소파에서 자서 온몸이 쑤셨다.

I felt sore all over until I took some medicine.
약을 먹기 전까지는 온몸이 쑤셨다.

DIALOGUE PRACTICE

A How are you feeling today?

B I just **got back from a trip** yesterday.

A You must be pretty tired.

B Yeah, I'm **feeling beat**.

A You should **take it easy** then.

A 오늘 컨디션 어때?
B 어제 여행에서 돌아왔어.
A 많이 피곤하겠다.
B 응. 너무 피곤해.
A 그럼 무리하지 마.

COMPOSITION PRACTICE

1 사고 직후에는 멀쩡했는데 후유증에 시달렸다. (suffer from the aftereffects)

2 경기 다음 날에는 온몸이 쑤시며 아팠다. (feel sore all over)

3 주말 내내 충분한 휴식을 취했어. (get plenty of rest)

4 너 무리하지 말고 쉬는 것이 좋겠어. (take it easy)

ANSWERS
1. I felt fine right after the accident, but I **suffered from the aftereffects**.
2. I **felt sore all over** the day after the game.
3. I **got plenty of rest** over the weekend.
4. You should **take it easy** and get some rest.

DAY
20

Hotels

호텔

음원 20

Today's TOPIC

20th

나는 여행을 가거나 출장을 가면 주로 호텔에 묵는다. 호텔에 도착하면, 먼저 프론트 데스크에 가서 체크인한다. 대부분 사전에 예약하고 가기 때문에, 이름만 말하면 된다. 객실 키를 받아서 방으로 이동한다. 방에 도착하면 먼저 객실을 한번 둘러본다. 밖을 내다보며 전망을 확인하기도 한다. 그러고 나서 짐을 풀고 편안한 옷으로 갈아입는다.

몇 년 전에 해외로 휴가를 갔다. 해변 바로 앞에 있는 호텔을 예약해서 투숙했다. 바다 전망이 내다보이는 객실에 묵었는데, 전망이 말로 표현하기 힘들 정도로 아름다웠다. 특급 요리사가 만든 호텔 음식도 정말 환상적인 맛이었다. 호텔 수영장 주변에는 편히 쉴 수 있는 공간도 있었다. 정말 기억에 남을 만한 호텔이었고, 숙박비가 전혀 아깝지 않았다.

SPEECH PRACTICE

I normally stay at hotels when I go on vacations or business trips. When I arrive at a hotel, I first go to the front desk to check in. I usually 058 book in advance, so I just need to tell them my name. I get my room keys and head to my room. When I get to my room, I first 059 take a look around. I also take a look at the view outside. After that, I unpack my bags and change into comfortable clothes.

A few years ago, I went overseas for my vacation. I booked a room at a hotel right on the beach. My room had an ocean view. The view was so beautiful that it was beyond words. The food at the hotel was cooked by a top chef, and everything tasted amazing. Around the hotel pool, there were spaces to 060 kick back and relax. It was such a memorable hotel, and I definitely got my money's worth.

KEY EXPRESSIONS

stay at a hotel 호텔에 묵다
go on a vacation 휴가를 가다
business trip 출장
check in 체크인하다
book in advance 사전에 예약하다
head to one's room 객실로 향하다
take a look around 주변을 한번 둘러보다
the view outside 바깥 전망
unpack one's bags 짐을 풀다
change into ~으로 갈아입다
book a room 객실을 예약하다
right on the beach 바닷가에
ocean view 바다 전망
be beyond words 말로 표현할 수 없다
taste amazing 환상적인 맛이다
kick back and relax 편히 쉬다
get one's money's worth 값어치를 충분히 하다

PATTERN
PRACTICE

058 book in advance 사전에 예약하다

I usually book in advance, so I only need to tell them my name.

대부분 사전에 예약하고 가기 때문에, 이름만 말하면 된다.

You won't be able to get seats unless you book in advance.

사전에 예약하지 않으면 좌석을 잡기 힘들 거야.

When I go on a vacation, I usually book in advance.

휴가를 갈 때는 보통 사전에 예약한다.

059 take a look around 주변을 한번 둘러보다

When I get to my room, I first take a look around.

방에 도착하면 객실을 먼저 한번 돌아본다.

I took a look around but I didn't buy anything.

둘러보기는 했는데 아무것도 사지는 않았어.

I wanted to take a look around, but there wasn't enough time.

한번 둘러보고 싶었는데 시간이 충분하지 않았다.

060 kick back and relax 편히 쉬다

Around the hotel pool, there were spaces to kick back and relax.

호텔 수영장 주변에는 편히 쉴 수 있는 공간도 있었다.

On weekends, I like to kick back and relax.

주말에는 편히 쉬는 것이 좋다.

I wanted to kick back and relax, but my wife wanted to see the resort.

나는 편히 쉬고 싶었는데, 아내는 리조트를 구경하고 싶어 했다.

DIALOGUE PRACTICE

A How was your vacation?

B It was really fun! I really **enjoyed myself**.

A How was the hotel you told me about? Was it nice?

B I was **on cloud nine**. Everything was perfect.

A I'm glad you **had a good time**.

A 휴가 잘 다녀왔어?
B 엄청 재미있었어! 정말 즐거운 시간이었지.
A 그때 말했던 호텔은 어땠어? 좋았어?
B 정말 끝내주게 좋았어. 모든 게 완벽했어.
A 좋은 시간 보내서 다행이네.

COMPOSITION PRACTICE

1 미리 예매하면 표가 더 저렴해. (book in advance)

2 먼저 한번 둘러보지 그러세요? (take a look around)

3 장례식에 가기 전에 검은 옷으로 갈아입었다. (change into)

4 편히 쉴 수 있는 시간적 여유는 없었어. (kick back and relax)

ANSWERS
1. Tickets are cheaper if you **book in advance**.
2. Why don't you **take a look around** first?
3. I **changed into** black clothes before going to the funeral.
4. I didn't have time to **kick back and relax**.

DAY
21

Hotel Vacations

호캉스

음원 21

Today's TOPIC

21th

예전에 내가 어렸을 때는 휴가를 간다고 하면, 주로 바닷가나 산의 계곡 어딘가로 가는 것을 의미했다. 하지만 삶의 질이 많이 높아진 요즘에는, 사람들은 호캉스를 자주 간다. 진정한 휴가란 돌아다니는 여행이 아니라, 휴식이라고 생각하는 사람이 늘어났기 때문이다.

특히나 여행을 어렵게 만들었던 코로나19 팬데믹을 겪으면서, 호캉스가 휴가 대안으로 확실히 자리잡았다.

호텔도 이런 호캉스 상품을 확대해 왔고, 프로모션을 많이 하고 있다. 특히 가족 단위의 호캉스 수요가 늘어났다. 일부 호텔은 어린이 고객을 위해 차별화된 서비스를 하기도 한다. 아이들이 놀기 좋은 아동 전용 객실을 선보이는 것이 좋은 예이다.

또한 도심에 있는 대형 호텔들은 평일이나 주말에 직장인들이 지친 심신을 달랠 수 있는 호캉스 상품을 개발해서 판매하고 있다.

SPEECH PRACTICE

Way back when I was young, 061 going on a vacation usually meant going to a beach or a mountain stream. But the quality of life has improved a lot these days, and people often go on hotel vacations. It's because more people think a vacation is all about resting, rather than traveling.

Especially during the COVID-19 pandemic, which 062 put a damper on traveling, hotel vacations really became a vacation option.

Hotels have been expanding their hotel vacation packages and promoting them a lot. There is especially a lot of demand for hotel vacations for families. Some hotels are differentiating their services to cater to young guests. A good example is the availability of kid-friendly rooms, which are exclusively for children.

Large hotels in downtown areas are also developing and selling hotel vacations to allow office workers to 063 get some rest on weekdays or on weekends.

KEY EXPRESSIONS

go on a vacation 휴가를 가다
mountain stream 산 계곡
the quality of life 삶의 질
go on a hotel vacation 호캉스를 가다
be all about ~이 핵심이다
the COVID-19 pandemic 코로나19 팬데믹
put a damper on 위축시키다, 퇴색시키다
a vacation option 휴가 대안
hotel vacation package 호캉스 패키지
differentiate 차별화하다
cater to ~의 요구에 맞추다
kid-friendly 아동 친화적인
exclusively 전용으로
in downtown area 도심 지역에
get some rest 휴식을 취하다

PATTERN PRACTICE

061 go on a vacation 휴가를 가다

When I was younger, going on a vacation usually meant going to a beach.

내가 어렸을 때는 휴가를 간다고 하면, 주로 해변 어딘가로 가는 것을 의미했다.

I like to make specific plans before I go on a vacation.

나는 휴가를 가기 전에 구체적으로 계획을 세우는 것을 좋아한다.

We often have fights when we go on a vacation.

우리는 휴가를 가면 자주 싸운다.

062 put a damper on 위축시키다, 퇴색시키다

The COVID-19 pandemic put a damper on traveling.

코로나19는 여행을 많이 위축시켰다.

The pandemic really put a damper on the economy.

팬데믹은 경제를 크게 위축시켰다.

The news put a damper on the company's stock price.

그 소식은 회사 주가를 많이 내려가게 했다.

063 get some rest 휴식을 취하다

The hotel vacation allowed me to get some rest.

호캉스로 휴식을 취할 수 있었어.

Why don't you get some rest before we head out?

우리 출발하기 전에 잠시 휴식을 취하지 그래?

Did you get some rest over the weekend?

주말 동안 좀 쉬었어?

DIALOGUE PRACTICE

A I **went on a hotel vacation** with my family.

B Really? Which hotel?

A It was a hotel in Incheon.

B Were you **satisfied with** the **hotel facilities**?

A Yeah. The rooms **felt posh**, and the pool and spa facilities were **top-notch**.

A 가족들과 호캉스 갔다 왔어.
B 그래? 어디 호텔에?
A 인천에 있는 호텔이었어.
B 시설은 마음에 들었어?
A 응. 객실도 고급스럽고, 수영장과 스파 시설도 정말 최고였어.

COMPOSITION PRACTICE

1 일이 너무 많아서 휴가조차 다녀오지 못했어. (go on a vacation)

2 나 먼저 조금 쉬고 싶어. (get some rest)

3 날씨가 우리 기분을 다운되게 했다. (put a damper on)

4 한국 전자 제품은 정말 최고 수준이다. (top-notch)

ANSWERS
1. I had so much work that I couldn't even **go on a vacation.**
2. I want to **get some rest** first.
3. The weather **put a damper on** our mood.
4. Korean electronics are really **top-notch.**

DAY
22

Vacation Cabins

펜션

음원 22

Today's TOPIC

22th

한국의 해변이나 산과 같은 인기 관광지에는 '펜션'이라는 숙박 시설이 있다. 펜션은 주로 별장 형태의 목조식 건물로 지어져 있다.

인터넷에 검색해 보면 이런 펜션을 수도 없이 많이 찾을 수 있다. 대부분 예쁜 사진이 올라와 있는 홈페이지가 마련되어 있어서, 여행객이 시설을 미리 살펴볼 수 있다. 이전에 다녀간 고객의 후기도 읽어 보고 인터넷상에서 예약하면 된다. 보통 예약이 확정되기 위해서는 예약금을 내야 한다.

지난 주말에 가족과 짧은 여행을 갔다. 우리는 산 근처에 예쁜 펜션을 예약했다. 펜션은 실내가 예쁘게 꾸며져 있었다. 내 마음에 쏙 들었다.

일단 짐을 풀고, 고기를 구워 먹었다. 그러고 나서 밤늦게까지 오붓하게 이런 저런 이야기를 나누었다. 가족과 뜻깊은 시간을 보내서 정말 좋았다.

SPEECH PRACTICE

At popular tourist destinations like beaches and mountains in Korea, there are 064 lodging facilities called 'pensions.' They are usually vacation homes, built of wood.

You can find a countless number of vacation cabins by searching online. Most have websites with pretty pictures. Vacationers can check them out in advance. They can also read reviews by previous guests, and 065 book a room online. Usually, they have to pay a deposit to confirm a reservation.

Last weekend, I went on a short trip with my family. We reserved a pretty vacation cabin near a mountain. The interior design of the cabin was very pretty. It was right up my alley.

We unpacked our things and had a barbeque. After that, we talked about this and that until late at night. It was great to 066 spend some quality time with my family.

KEY EXPRESSIONS

tourist destination 관광지
lodging facility 숙박 시설
vacation home 별장
a countless number of 셀 수 없을 만큼 많은
search online 인터넷 검색을 하다
vacationer 휴가객
check out 직접 살펴보다
book a room 숙소를 예약하다
pay a deposit 예약금을 지급하다
confirm a reservation 예약을 확정하다
go on a short trip 짧은 여행을 가다
weekend outing 주말 나들이
interior design 실내 디자인
right up one's alley 취향에 딱 맞는
unpack one's things 짐을 풀다
have a barbeque 고기를 구워 먹다
talk about this and that
이런저런 이야기를 하다
spend quality time
뜻깊은 시간을 보내다

PATTERN
PRACTICE

064 lodging facility 숙박 시설

In Korea, there are lodging facilities called 'pensions.'
한국에는 '펜션'이라는 숙박 시설이 있다.

I usually reserve lodging facilities online.
나는 숙박 시설을 주로 인터넷으로 예약해.

I don't mind staying at cheap lodging facilities as long as they are clean.
깨끗하기만 하다면, 나는 저렴한 숙박 시설에 묵는 것을 크게 개의치 않는다.

065 book a room 숙소를 예약하다

You can book a room online.
인터넷상에서 숙소를 예약할 수 있다.

I booked a room at a decent hotel close to the airport.
공항에서 가까운 꽤 괜찮은 호텔에 방을 예약했다.

It's almost impossible to book a room there.
거기에 객실을 예약하는 일은 거의 불가능하다.

066 spend quality time 뜻깊은 시간을 보내다

It was great to spend some quality time with my family.
가족과 뜻깊은 시간을 보내서 정말 좋았다.

I try to spend quality time with my kids, even when I'm tired.
나는 피곤할 때도 아이들과 뜻깊은 시간을 보내려고 노력한다.

We rarely get to spend quality time together.
우리는 함께 의미 있는 시간을 보낼 기회가 거의 없어.

DIALOGUE PRACTICE

A Have you **picked a place to stay** during your vacation?

B Yes, I did some searching and I reserved a fantastic vacation cabin.

A A vacation cabin?

B Yes, it's **right by the ocean**.

A I see. I personally **prefer hotels**.

A 휴가 때 머물 숙소를 잡았어?
B 응. 좀 찾아보고 나서, 아주 끝내주는 펜션을 예약했어.
A 펜션?
B 응. 바닷가 바로 근처에 있는 곳이야.
A 그렇구나. 난 호텔을 더 선호하는 편이야.

COMPOSITION PRACTICE

1 그 동네는 숙박 시설이 전부 너무 비싸더라. (lodging facility)

2 숙소는 예약했으니, 이제 항공권만 예매하면 돼. (book a room)

3 재즈를 좋아하는 편이라면, 이곳이 마음에 쏙 들 거야. (right up one's alley)

4 가족과 뜻깊은 시간을 보낼 좋은 기회였다. (spend quality time)

ANSWERS
1. The **lodging facilities** in that neighborhood were too expensive.
2. We've **booked a room**, so we just need to buy plane tickets now.
3. If you are into jazz, this place will be **right up your alley**.
4. It was a good chance to **spend quality time** with my family.

DAY
23

Camping

캠핑

음원 23

Today's TOPIC

23th

한국에서 캠핑의 인기가 높아지기 시작한 지도 제법 되었다. 왜 사람들은 편한 집을 두고 캠핑을 가는 것일까? 사람마다 느끼는 캠핑의 매력은 다를 것으로 생각한다. 요즘에는 정기적으로 캠핑하러 가는 사람도 매우 많아졌다. 이 같은 추세에 따라 다양한 캠핑용품 수요도 엄청나게 높아졌다.

예전에는 바닷가나 강변 등에 자유롭게 텐트를 치고 시간을 보내곤 했다. 그러나 지금은 전용 캠핑장이 많이 생겼다. 그래서 여러 캠핑객이 한자리에 모이는 경우도 많다. 이런 캠핑장은 전기 공급이나 수돗물 등 편의 시설이 매우 좋아졌다. 어떤 사람은 캠핑카를 대여하기도 한다.

다만, 캠핑장은 여럿이 함께 머무는 공간이라는 것을 명심해야 한다. 너무 시끄럽게 음악을 틀어 놓거나, 밤늦게 큰 소음을 내지 말아야 한다. 또한 집에 갈 때는, 주변을 깨끗이 정리해야 한다.

SPEECH PRACTICE

It has been quite a while since camping began to 067 catch on in Korea. Why do people leave the comfort of their homes to go camping? I think each person gets something different out of camping. Nowadays, lots of people go camping on a regular basis. Due to this trend, demand for camping equipment has also 068 taken off.

In the past, people randomly pitched tents at beaches or riversides and spent time there. But these days, there are many designated camping sites. So, many campers gather at such sites. Amenities like power outlets and running water have really gotten better. There are also some people who rent caravans.

It's important to keep in mind that camping sites are public spaces. You should try not to turn up your music or make too much noise late at night. You should also 069 pick up after yourself before you leave the site.

KEY EXPRESSIONS

quite a while 제법 오랜 시간
catch on 유행하기 시작하다, 정착하다
the comfort of one's home 편안한 자기 집
get something different out of ~의 다른 매력을 느끼다
go camping 캠핑하러 가다
on a regular basis 주기적으로, 정기적으로
due to this trend 이 같은 추세에 따라
camping equipment 캠핑 장비
take off 급상승하다, 본격적으로 유행하다
randomly 무작위로, 임의로
pitch a tent 텐트를 치다
designated camping site 지정 캠핑장
amenities 편의 시설
power outlet 전기 콘센트
running water 수돗물
caravan 견인형 캠핑카
public space 공공장소
turn up one's music 음악 소리를 키우다
make too much noise 너무 시끄럽게 하다
pick up after oneself 뒷정리하다

067 catch on 유행하기 시작하다, 정착하다

Camping has begun to catch on in Korea.
한국에도 캠핑이 유행하기 시작했습니다.

That style is starting to catch on.
그 스타일이 유행하기 시작했다.

The hotel vacation trend is really catching on these days.
요즘 호캉스 트렌드가 인기를 얻기 시작했다.

068 take off 급상승하다, 본격적으로 유행하다

Demand for camping equipment has also taken off.
캠핑용품에 대한 수요가 급상승했다.

Her career really took off after she joined that company.
그 회사에 입사하고 나서, 그녀의 경력이 본격적으로 풀리기 시작했다.

There have been many camping-related programs since camping took off.
캠핑의 인기가 갑자기 올라간 이후부터 캠핑 관련 방송이 많아졌다.

069 pick up after oneself 뒷정리하다

You should pick up after yourself before you leave.
자리를 뜨기 전에 주변을 깨끗이 정리해야 한다.

My kids never pick up after themselves.
내 아이들은 절대 스스로 뒷정리하지 않는다.

I didn't have time to pick up after myself.
뒷정리할 시간이 없었어.

DIALOGUE PRACTICE

A I **went camping** with my family.

B Oh, really? I heard camping is **all the rage** these days.

A You're right. I **took it up** last year. It's really great.

B Did you buy all the **camping equipment** you need?

A No. We mostly go to places that provide everything we need.

A 가족과 캠핑 갔다 왔어.
B 아, 정말? 요즘 캠핑 정말 인기라고 들었는데.
A 맞아. 나도 작년부터 가기 시작했는데, 너무 좋아.
B 필요한 캠핑용품도 다 사고 그랬어?
A 아니, 우리가 필요한 것을 다 주는 곳에 주로 가.

COMPOSITION PRACTICE

1 나는 캠핑이 이렇게 유행할 줄 몰랐어. (catch on)

2 나는 호텔에서조차 항상 뒷정리한다. (pick up after oneself)

3 이번 시즌은 이 색깔이 온통 유행이야. (all the rage)

4 살을 빼기 위해 필라테스를 시작했어. (take something up)

ANSWERS
1. I didn't know camping would **catch on** like this.
2. I always **pick up after myself**, even at hotels.
3. This color is **all the rage** this season.
4. I **took up** pilates to lose weight.

DAY
24

Car Rental

렌터카

음원 24

Today's TOPIC

24th

여행을 갈 때, 렌터카를 이용하는 경우가 종종 있다. 가장 먼저 여행 목적지의 어느 업체에서 대여할 수 있는지를 인터넷상에서 확인한다. 그다음은 원하는 차종과 기간을 정한다. 차종과 기간에 따라 하루 대여 비용이 달라진다.

현장에 도착하면, 렌터카 업체 카운터로 가서 운전면허증을 제시하고 차량을 받는다. 차량을 반납할 때는 가득 주유한다. 그렇지 않으면 연료비를 추가로 내야 한다.

내 차를 고치는 동안 렌터카를 사용하는 때도 있다. 얼마 전, 가벼운 자동차 사고가 났다. 상대 운전자가 수리비를 다 내야 하는 상황이었다. 내 차량을 수리하는 데 시간이 제법 걸린다고 하여 차를 렌트하기로 마음 먹었다. 내 차가 아니어서 처음에는 운전이 어색했다. 그렇지만 큰 문제 없이 2주일 후에 반납했다.

SPEECH PRACTICE

When I go on a trip, I often rent a car. First, I check online to see which rental agencies I can use at my travel destination. Then, I choose the type of car I want, and the rental period. The daily rental fee 070 differs depending on the car model and period.

When I arrive, I go to the rental counter and show them my driver's license to get my car. When I return the car, I 071 fill up the tank. Otherwise, I have to pay an extra fee for fuel.

There are times when I have to rent a car while my car is getting fixed. A while ago, I had a fender bender. The other driver had to 072 cover the cost for repairs. They said it would take some time to get my car fixed, so I decided to rent a car. It took some getting used to because it was different from my car. But I had no issues with it, and I returned it after two weeks.

KEY EXPRESSIONS

go on a trip 여행을 가다
rental agency 렌터카 업체
travel destination 여행 목적지
type of car 차종
rental period 대여 기간
differ depending on ~에 따라 다르다
fill up the tank (가득) 주유하다
pay an extra fee 추가 금액을 지급하다
have a fender bender 접촉 사고가 나다
cover the cost 비용을 부담하다
take some getting used to 적응이 필요하다, 낯설다
have no issues with ~에 문제가 없다

PATTERN
PRACTICE

070 differ depending on ~에 따라 다르다

The daily rental fee differs depending on the car model and period.
차종과 기간에 따라 하루 대여 비용이 달라진다.

Sizes for shoes differ depending on the country.
신발 사이즈는 나라마다 조금씩 다르다.

The price might differ depending on where you buy it.
어디에서 사는지에 따라 가격이 다를 수 있다.

071 fill up the tank (가득) 주유하다

When I return the car, I fill up the tank.
차량을 반납할 때는 가득 주유한다.

We stopped at a rest area to fill up the tank.
주유를 하려고 휴게소에 들렀다.

It costs a lot more to fill up the tank these days.
차량 주유하려면 돈이 훨씬 더 많이 들어.

072 cover the cost 비용을 부담하다

The other driver had to cover the cost for repairs.
상대 운전자가 수리비를 다 내야 하는 상황이었다.

We agreed to cover the cost together.
우리는 비용을 같이 내기로 합의했다.

It was my turn to pay, so I covered the cost.
내가 낼 차례여서, 내가 비용을 냈다.

DIALOGUE PRACTICE

A Are you ready to go on your vacation?

B Almost. I still need to **rent a car**.

A What type of car do you **have in mind**?

B I'm not too **picky**. I'll probably just get **whatever is cheapest**.

A You'll **have fewer choices** if you wait too long.

A 휴가 갈 준비는 다 했어?
B 거의 다 했어. 아직 자동차는 빌려야 해.
A 생각해 둔 차종 있어?
B 그렇게 따지는 편은 아니야. 아마 가장 저렴한 것으로 고를 것 같아.
A 너무 오래 기다리면 선택의 폭이 줄어들걸.

COMPOSITION PRACTICE

1 가득 주유하면 세차 할인을 받을 수 있어. (fill up the tank)

2 접촉 사고가 나서 회사에 지각했다. (fender bender)

3 누가 비용을 부담하게 되는 거야? (cover the cost)

4 우리는 둘 다 그렇게 까다로운 편은 아니에요. (picky)

ANSWERS
1. If you **fill up the tank**, you get a discount for the carwash.
2. I was late to work because of a **fender bender**.
3. Who will **cover the cost**?
4. We are both not that **picky**.

DAY
25

Theme Parks

놀이공원

음원 25

Today's TOPIC

25th

한국에는 놀이공원이 지역별로 있다. 서울과 인근 지역에 규모가 큰 놀이공원이 세 군데 있다.

한 곳은 도심 한복판에 있는, 백화점, 영화관, 호텔, 초고층 건물과 연결된 복합 문화 시설이다. 놀이공원 자체도 실내 시설과 야외 시설을 모두 갖추고 있어서, 주말과 휴일에 항상 인파로 붐빈다. 다른 두 곳은 서울 근교에 있다. 아이들이 정말 좋아하는 곳이다. 연인들의 데이트 장소로도 많이 이용된다.

어렸을 때 놀이공원에 가는 날은 정말 좋아서 펄쩍펄쩍 뛰었던 기억이 난다. 놀이공원에 도착해서 표를 끊을 때 느꼈던 설레는 기분을 잊을 수 없다. 입장해서 놀이 기구를 많이 탔다. 롤러코스터와 같은 일부 놀이 기구는 인기가 많아서 긴 줄을 서서 기다려야 했다.

SPEECH PRACTICE

There are amusement parks in most areas of Korea. There are three large-scale amusement parks in Seoul and its surrounding areas.

One is a cultural complex in the downtown area. It's connected to a department store, a theater, hotels, and a skyscraper. The park has both indoor and outdoor facilities. It always 073 gets crowded on weekends and on holidays. The other two major parks are just outside of Seoul. They are a hit with kids. They are also popular as date locations for couples.

I remember jumping up and down in excitement when I went to theme parks as a kid. I'll never forget the 074 sense of anticipation I felt when we got our tickets. Once inside, I went on a lot of rides. For some rides like the rollercoaster, I had to 075 stand in line for a long time.

KEY EXPRESSIONS

amusement park (= theme park) 놀이공원
large-scale 대형
surrounding area 인근 지역
cultural complex 복합 문화 시설
the downtown area 도심 지역
skyscraper 고층 빌딩
indoor/outdoor facilities 실내/실외 시설
get crowded 사람들로 붐비다
just outside of 근교에, 바로 바깥에
be a hit with ~사이에 인기 있다
date location 데이트 장소
jump up and down 펄쩍펄쩍 뛰다
sense of anticipation 기대감, 설렘
go on a ride 놀이기구를 타다
stand in line 줄을 서다

073 get crowded 사람들로 붐비다

Amusement parks always get crowded on weekends.
놀이공원은 주말에는 항상 인파로 붐빈다.

The park gets crowded with people in the evening.
그 공원은 저녁때 사람들로 붐빈다.

The subway gets very crowded during rush hour.
출퇴근 시간에는 지하철이 많이 붐빈다.

074 sense of anticipation 기대감, 설렘

I'll never forget the sense of anticipation I felt when we got our tickets.
표를 끊을 때 느꼈던 설레는 기분은 잊을 수 없다.

I always feel a sense of anticipation at the beginning of each year.
매년 연초에는 항상 기대감이 느껴진다.

I am filled with a sense of anticipation before I get on a plane.
비행기에 탑승하기 전에는 설렘으로 가득 차 있다.

075 stand in line 줄을 서다

I had to stand in line for a long time.
한참 동안 줄을 서서 기다려야 했다.

I don't like to stand in line.
나는 줄 서서 기다리는 것을 싫어해.

We arrived early, but many people were already standing in line.
우리가 일찍 도착했는데도 이미 많은 사람이 줄을 서서 기다리고 있었다.

DIALOGUE PRACTICE

A Are you **having fun**?

B Of course! It's much more fun than I expected.

A Glad to hear that. Let's **go on some rides**!

B Wow! Look at that line for the rollercoaster.

A Yeah, we'll probably **have to wait quite a while** for that one.

A 재미있어?
B 그럼! 생각보다 훨씬 더 재미있네.
A 다행이다. 놀이 기구 좀 타자.
B 우와! 롤러코스터 앞에 줄 좀 봐.
A 응. 저거 타려면 제법 오래 기다려야 할 거야.

COMPOSITION PRACTICE

1 사람들로 붐비기 전에 거기 도착하고 싶어. (get crowded)

2 이 앱은 집을 구하는 사람 사이에 인기다. (be a hit with)

3 줄을 서 있는 동안 휴대 전화를 가지고 놀았다. (stand in line)

4 소개팅을 하기 전에 느꼈던 설레는 마음이 기억나. (sense of anticipation)

ANSWERS
1. I want to get there before it **gets crowded**.
2. This app **is a hit with** people who are looking for homes.
3. I played with my phone while I **stood in line**.
4. I remember feeling a **sense of anticipation** before a blind date.

DAY 26

Waterparks

워터파크

음원 26

Today's TOPIC

26th

우리 아이들이 사시사철 죽고 못 사는 곳이 바로 워터파크이다. 코로나19 당시에는 한 번도 못 가서 아이들이 정말 침울해하기도 했다.

올 초에 온 가족이 온천물이 나오는 워터파크를 이용했다. 아이들은 그야말로 물 만난 고기 마냥 신나게 물에서 뛰어놀았다. 부모님도 같이 모시고 갔다. 두 분은 실외에 있는 노천탕을 즐기셨다. 나와 남편은 수압 마사지를 받으며 피로를 풀었다.

우리는 워터파크에서 온종일 즐거운 시간을 보냈다. 종일 물놀이해서 그런지, 저녁이 유난히 맛있었다. 그날 밤에는 완전히 기진맥진해서 정말 정신없이 잤다.

SPEECH PRACTICE

Our kids go crazy for waterparks all year long. They were very disappointed that we couldn't go even once during the coronavirus pandemic.

Early this year, our family visited a waterpark that featured water from hot springs. The kids 076 **were elated**, excitedly playing in the water. We also brought along our parents. They enjoyed soaking in the outdoor baths. My husband and I 077 **washed away our fatigue** with hydro massages.

We spent the whole day at the waterpark and enjoyed ourselves very much. Dinner tasted especially good because we had been in the water all day. I felt exhausted that night and I 078 **slept like a baby**.

KEY EXPRESSIONS

go crazy for 사족을 못 쓰다
all year long 일 년 내내
feature 선보이다
hot spring 온천
be elated 신이 나다, 마냥 행복해하다
bring along 같이 데리고 가다
soak in ~에 몸을 담그다, 적시다
outdoor bath 노천탕
wash away someone's fatigue 피로를 씻어내다
hydro massage 수압 마사지
spend the whole day 온종일 시간을 보내다
all day 종일
feel exhausted 기진맥진하다
sleep like a baby 곤히 자다, 정신없이 자다

PATTERN PRACTICE

076 be elated 신이 나다, 마냥 행복해하다

The kids were elated, excitedly playing in the water.

아이들은 그야말로 물 만난 고기 마냥 신나게 물에서 뛰어놀았다.

I remember being elated when I visited theme parks as a kid.

나는 어렸을 때 놀이공원에 가면 정말 신이 났던 기억이 나.

You seemed to be elated when you heard the news.

너 그 소식 들었을 때, 완전히 신나 보였어.

077 wash away one's fatigue 피로를 씻어내다

My husband and I washed away our fatigue with hydro massages.

나와 남편은 수압 마사지를 받으며 피로를 풀었다.

My husband says that meditating washes away his fatigue.

남편은 명상하면 피로가 해소된다고 말한다.

Ironically, exercising after work can wash away your fatigue.

아이러니하게도 퇴근 후 운동하면 피로를 씻어낼 수 있다.

078 sleep like a baby 곤히 자다, 정신없이 자다

I felt exhausted that night and I slept like a baby.

그날 밤에 기진맥진해서 정말 정신없이 잤다.

I sleep like a baby when I'm tired.

난 피곤하면 정말 정신없이 자.

I couldn't wake you up because you were sleeping like a baby.

네가 너무 곤히 자고 있어서 깨울 수가 없었어.

DIALOGUE PRACTICE

A I visited a waterpark with my kids last weekend.

B Oh, really? Did you **have a good time**?

A Of course! The kids loved it.

B I can imagine. Children love to play in the water.

A I actually think I **had as much fun** as the kids.

A 지난 주말 아이들과 워터파크를 다녀왔어요.
B 아, 정말요? 재미있었어요?
A 그럼요. 아이들이 정말 좋아했죠.
B 상상이 가네요. 아이들은 물에서 노는 것을 정말 좋아해요.
A 실은 저도 아이들만큼 재미있었던 것 같아요.

COMPOSITION PRACTICE

1 아이들은 사촌들을 만나서 신이 났다. (be elated)

2 뜨거운 물로 샤워하면 피로가 씻겨 나간다. (wash away one's fatigue)

3 집에 와 보니, 네가 정말 곤히 자고 있었어. (sleep like a baby)

4 가족과 즐거운 시간을 보내서 정말 좋았어. (have a good time)

ANSWERS
1. The kids **were elated** because they met their cousins.
2. Taking a hot shower **washes away my fatigue**.
3. When I got home, you were **sleeping like a baby**.
4. It was great because I **had a good time** with my family.

DAY 27

Beaches

해변

음원 27

Today's TOPIC

27th

나는 바닷가에 가면 다양한 일을 한다. 낮에는 주로 바닷물에 들어가서 수영하고 파도도 타고 그런다. 모래사장에 누워서 태닝할 때도 있다.

바닷가를 산책할 때도 있는데, 맑은 바닷가 공기를 들이마시면 기분이 좋아진다. 저녁 식사는 주로 생선이나 새우와 같은 해산물을 먹는 경우가 많다. 가끔은 고기나 해산물을 불판에 굽기도 한다. 밤에는 같이 간 일행과 술 한잔 하는 경우가 많다.

몇 년 전에 가족과 바닷가에 놀러 갔던 기억이 난다. 우리는 동해안에 있는 해수욕장으로 놀러 갔다. 바닷가 전망이 잘 내다보이는 펜션에 묵었다. 날씨가 조금 쌀쌀해서 바닷물에 발만 담그고 놀았다. 밤에는 해변에서 폭죽을 가지고 놀기도 했다. 그리고 밤늦게까지 함께 오붓한 시간을 보냈다.

SPEECH PRACTICE

I do lots of things when I go to the beach. During the day, I swim in the ocean and enjoy the waves. Sometimes, I 079 get a tan on the beach.

I also take walks along the beach. It feels great to breathe in the fresh air. I usually have seafood like fish or shrimp for dinner. Sometimes, I grill meat or seafood on the grill. At night, I often have a few drinks with the people I went with.

I remember going to the beach with my family a few years ago. We went to a beach on the east coast of Korea. We stayed at a beachside cabin that 080 had a great view of the ocean. The weather was a bit nippy, so we just dipped our feet in the water. We also set off firecrackers on the beach. My family 081 stayed up until late at night enjoying each other's company.

KEY EXPRESSIONS

swim in the ocean
바닷물에 들어가 수영하다
enjoy the waves 파도를 타다
get a tan 태닝하다
take walks along the beach
바닷가를 따라 산책하다
breathe in 들이쉬다
grill v. 굽다 **n.** 불판
have a drink 술을 마시다
on the east coast 동해안에

beachside cabin 바닷가 펜션
have a great view of
~의 전망이 잘 내다보이다
a bit nippy 조금 쌀쌀한
dip one's feet 발을 담그다
set off firecrackers 폭죽놀이를 하다
stay up until late at night
밤늦게까지 잠을 자지 않다
enjoy each other's company
함께 하는 시간을 즐기다

PATTERN
PRACTICE

079 get a tan 태닝하다

Sometimes, I get a tan on the beach.
모래사장에 누워서 태닝할 때도 있다.

I wanted to get a tan, but the weather was cloudy.
태닝하고 싶었는데 날씨가 흐리다.

Be sure to put on plenty of sunscreen before you get a tan.
태닝하기 전에 반드시 자외선 차단제를 충분히 바르도록 해.

080 have a great view of ~의 전망이 잘 내다보이다

We stayed at a cabin that had a great view of the ocean.
바닷가 전망이 잘 내다보이는 펜션에 묵었다.

The restaurant has a great view of the river.
그 음식점에서 보이는 강 전경이 근사하다.

The café we went to had a great view of the lake.
우리가 간 카페는 호숫가 전망이 좋았다.

081 stay up until late at night 밤늦게까지 잠을 안 자다

We stayed up until late at night talking.
밤늦게까지 이야기하며 시간을 보냈다.

I had to stay up until late at night to finish the report.
보고서를 완성하기 위해 밤늦게까지 잠을 자지 못했다.

I used to stay up until late at night to prepare for midterms or finals.
나는 중간고사나 기말고사를 준비하기 위해 밤늦게까지 잠을 안 자곤 했다.

DIALOGUE PRACTICE

A Did you enjoy your weekend trip?

B Yeah, I **had a good time** with my family. I need to go home and get some rest though. **I'm spent**.

A You should do that.

B **The place we stayed at** was great. I'll send you the link.

A Thanks.

A 주말여행 재미있었어?
B 응. 가족과 즐거운 시간 보냈어. 그런데 집에 가서 좀 쉬어야 할 것 같아. 너무 피곤해.
A 그러는 게 좋겠다.
B 우리가 머문 숙소 정말 좋았어. 내가 링크 보내 줄게.
A 고마워.

COMPOSITION PRACTICE

1 지난주에 휴가를 다녀와서 피부가 조금 탔어. (get a tan)

2 그 호텔에서 도시 전체 전망이 잘 내다보였어. (have a great view of)

3 밤늦게까지 버티기 위해 커피를 많이 마셨다. (stay up until late at night)

4 나는 바닷물에 들어가서 수영하는 것을 좋아하지 않아. (swim in the ocean)

ANSWERS
1. I **got a tan** because I went on a vacation last week.
2. The hotel **had a great view of** the whole city.
3. I drank a lot of coffee to **stay up until late at night**.
4. I don't like to **swim in the ocean**.

DAY
28

Living in Jeju for One Month

제주도 한 달 살기

음원 28

Today's TOPIC

28th

제주도는 한국 최남단에 있는 매우 큰 섬이다. 지질학적으로는 화산 활동으로 생겨난 화산섬이다. 제주도는 가장 인기 있는 관광지이기도 하다.

그런데 몇 년 전부터, 제주도에 가서 한 달을 살아보는 것이 많은 사람의 로망이 되었다. 물론 직장을 그만두거나, 휴직해야만 가능한 일이다.

나는 퇴사 후, 제주도 한 달 살기를 했다. 좀 쉬고 싶어서 지친 몸과 마음을 달랠 기회를 가졌다. 관광객으로서는 제주도에 몇 번 갔지만, 한 달 살기를 한다는 것은 큰 차이가 있었다. 잠시 동안이지만 현지인이 될 수 있었다.

지역 주민들과 함께 어울리고, 집 앞 바다 풍경을 즐기며 시간을 보내기도 했다. 여유로운 한 달 동안, 인생 고민도 해보고 좋은 추억을 많이 쌓았다.

SPEECH PRACTICE

Jeju Island is a large island located at the southern tip of Korea. Geologically, it's a volcanic island created by volcanic activity. Jeju is 082 a top pick when it comes to tourist destinations.

But starting a few years ago, living in Jeju for a month has become a dream for many people. Of course, this can only happen if they quit their job or take a leave of absence.

I went to live in Jeju for a month after leaving my job. I wanted to get some R&R and 083 give myself a chance to heal. I had visited Jeju a few times before as a tourist, but living there for a month was a different story. It meant becoming a local resident for a while.

I passed the time by hanging out with the locals, while I 084 took in the ocean view in front of the house. During that leisurely month, I thought about my life and made a lot of memories.

KEY EXPRESSIONS

at the southern tip of 최남단에
geologically 지질학적으로
volcanic island 화산섬
volcanic activity 화산 활동
a top pick 인기 있는 물건/장소
tourist destination 관광지
starting a few years ago 몇 년 전부터
become a dream 로망이 되다
quit one's job 직장을 그만두다
take a leave of absence 휴직하다
leave one's job 직장을 그만두다
get some R&R(rest and relaxation) 휴식을 취하다
give oneself a chance to heal 스스로 힐링할 기회를 주다
be a different story (크게) 다르다
local resident 현지인, 지역 주민
pass the time 시간을 보내다
hang out with 함께 어울리다
take in the ocean view 바다 전망을 감상하다
leisurely month 여유로운 달
make a lot of memories 많은 추억을 쌓다

PATTERN PRACTICE

082 a top pick 인기 있는 물건/장소

Jeju is a top pick among Korean tourists.
제주도는 한국 관광객이 가장 많이 찾는 곳이다.

That model is a top pick, but I don't really like it.
인기 있는 기종이지만 나는 별로 마음에 들지 않아.

That place is a top pick now, but it wasn't always so popular.
저 지역이 지금은 인기가 많지만, 항상 그랬던 것은 아니었다.

083 give oneself a chance to heal
스스로 힐링할 기회를 주다

I lived in Jeju for a month to give myself a chance to heal.
나는 스스로 힐링하기 위해 제주도 한 달 살기를 했다.

Parents rarely give themselves a chance to heal.
부모님은 스스로 힐링할 기회를 챙기는 경우가 드물다.

If you want to keep working, you need to give yourself a chance to heal.
계속해서 일하고 싶다면, 스스로 힐링할 기회를 가져야 한다.

084 take in the ocean view 바다 전망을 감상하다

I took in the ocean view in front of the house.
나는 숙소 앞 바다 풍경을 감상했다.

The café is a great place to take in the ocean view.
그 카페는 바다 전망을 감상하기에 아주 좋은 장소다.

I like to take in the ocean view when I stay at a beachside hotel.
나는 해변 근처 호텔에서 숙박할 때 바다 전망을 감상하는 것을 좋아한다.

DIALOGUE PRACTICE

A I'm going to Jeju Island this weekend.

B Really? Are you **traveling for pleasure**?

A Yeah. A friend of mine is living in Jeju for a month.

B Oh, that's **all the rage** these days.

A That's right. I really want to **try it out** myself, so I'm going to **see what it's like**.

A 나 이번 주말에 제주도 가.
B 정말? 놀러 가는 거야?
A 응. 친구 한 명이 제주도에 한 달간 살고 있어.
B 아, 요즘 그거 유행이잖아.
A 맞아. 나도 정말 해 보고 싶어서, 가서 어떤지 보려고.

COMPOSITION PRACTICE

1 나는 우울증 치료를 위해 휴직했다. (take a leave of absence)

2 너는 휴가를 가서 스스로 힐링할 시간을 갖는 것이 좋겠어. (give oneself a chance to heal)

3 나는 겨울에 바다 전망을 감상하는 것을 특히 좋아한다. (take in the ocean view)

4 사기 전에 가서 어떤지 직접 살펴보는 것이 좋다. (see what it's like)

ANSWERS
1. I **took a leave of absence** to treat my depression.
2. You should take a vacation and **give yourself a chance to heal**.
3. I especially like to **take in the ocean view** in the winter.
4. You should go and **see what it's like** before you buy it.

DAY
29

Bullet Trains

초고속 열차

음원 29

Today's TOPIC

29th

한국의 초고속 열차는 최고 시속 300킬로미터까지 달린다. 그래서 목적지에 매우 빨리 도착할 수 있다. 좌석은 일반석이 있고, 조금 더 비싼 특실 좌석도 있다.

표 예매는 앱으로 할 수 있는데, 매우 사용자 친화적이다. 원하는 노선, 출발 시각, 좌석을 고르고 표를 결제하면 된다. 그러면 휴대 전화에 전자 티켓이 발권되고, 따로 표를 출력할 필요도 없다.

얼마 전, 주말 연휴에 짧은 여행을 가게 되었다. 출발 시각 15분 전에 기차역에 도착했다. 기차에 올라타서 자리에 편하게 앉았다. 기차 안에는 무료 와이파이가 잡혀서 휴대 전화로 인터넷 접속을 해서 쓸 수 있었다. 간식 카트에서 간식도 사 먹었다. 단 2시간만에, 목적지에 도착했다.

SPEECH PRACTICE

Bullet trains in Korea reach speeds of up to 300km/h. You can get to your destination very quickly. Most of the seats are coach seats, but there are also deluxe seats that cost extra.

You can book tickets using an app, which is very 085 user-friendly. You choose the route, time of departure, and seat, and then you pay for the ticket. A ticket is issued to your phone, so you don't need to print it out.

A while ago, I went on a short trip during an extended weekend. I arrived at the train station 15 minutes ahead of time. I got on the train, and 086 got comfy in my seat. I was able to browse the internet because there was free Wi-Fi in the train. I also got 087 something to snack on from the snack cart. In just two hours, I arrived at my destination.

KEY EXPRESSIONS

speeds of up to 최고 속도가 ~에 달하는
get to one's destination 목적지에 도착하다
coach seat 일반석
deluxe seat 우등석
book a ticket 표를 예매하다
user-friendly 사용하기 편한
time of departure 출발 시각
pay for the ticket 표를 결제하다
issue a ticket 표를 발권하다
print something out 출력하다
extended weekend 주말 연휴
round-trip ticket 왕복표
ahead of time 사전에, 시간 전에
get comfy 편한 자세를 취하다
browse the internet 인터넷 서핑하다
something to snack on 간식거리
snack cart 간식 카트
arrive at one's destination 목적지에 도착하다

085 user-friendly 사용하기 편한

The app is very user-friendly.
이 앱은 매우 사용자 친화적이다.

The new version of the software is more user-friendly.
그 소프트웨어의 신규 버전은 사용하기 더 편리하다.

I like this phone because the OS is user-friendly.
이 휴대 전화는 OS가 사용하기 편해서 좋다.

086 get comfy 편한 자세를 취하다

I got on the train, and got comfy in my seat.
기차에 올라타서 자리에 편하게 앉았다.

I couldn't get comfy on the plane.
비행기에서 편한 자세를 취하기가 어려웠어.

I got comfy and soon fell asleep.
편하게 자리를 잡고, 이내 잠들었다.

087 something to snack on 간식거리

I also got something to snack on from the snack cart.
간식 카트에서 간식도 사 먹었다.

I always keep something to snack on at my desk.
항상 책상에 간식거리를 둔다.

We stopped at a rest area to get something to snack on.
간식거리를 사려고 휴게소에 들렀다.

DIALOGUE PRACTICE

A I went to Busan last weekend.

B How did you **get there and back**?

A I drove my own car. It took a pretty long time.

B Next time, **take the bullet train**.

A Yeah, I think I should do that. It gets you to places **in no time**.

A 나 지난 주말에 부산에 다녀왔어. 엄청 좋았어.
B 왔다 갔다 이동은 어떻게 했어?
A 직접 내가 운전해서 갔어. 좀 오래 걸리긴 했어.
B 다음에는 초고속 열차를 타.
A 다음에는 그럴까 해. 눈 깜짝할 사이에 목적지까지 데려다주잖아.

COMPOSITION PRACTICE

1 아쉽지만 남은 일반석이 없었어. (coach seat)

2 이 앱은 사용하기 더 쉬워져야 한다고 생각해. (user-friendly)

3 온라인 검색해서 메뉴를 미리 한번 봤어. (ahead of time)

4 간식거리가 필요하면, 나한테 견과류가 있어. (something to snack on)

ANSWERS
1. Unfortunately, there were no **coach seats** left.
2. I think this app needs to be more **user-friendly**.
3. I took a look at the menu **ahead of time** by searching online.
4. If you want **something to snack on**, I have some nuts.

DAY
30

Airline Baggage Restrictions

항공 수하물 규정

음원 30

Today's TOPIC

30th

항공 여행을 할 때는 수하물 규정을 잘 숙지하는 것이 좋다. 국내선은 국제선에 비해 수하물 제약이 비교적 적은 편이다. 하지만 안전한 항공 여행을 위해 지켜야 할 기본 규정이 마련되어 있다.

라이터, 전자 담배, 보조 배터리는 위탁 수하물에 넣어서는 안 되고, 기내에 들고 타야 한다. 또한 들고 탈 수 있는 수량과 용량에 제한이 있다. 만약 이런 물품이 항공기 화물칸에서 폭발하면 비상 대응을 할 수 없기 때문이다.

또한, 비료는 폭발할 수 있는 화학 물질을 포함하고 있기 때문에 위탁과 기내 반입 모두 금지되어 있다. 마지막으로 뾰족한 물건이나 공구류는 모두 기내 반입이 금지되어 있다.

SPEECH PRACTICE

When traveling by plane, it is good to be aware of baggage restrictions. Compared with international flights, domestic flights have fewer luggage restrictions. But there are certain basic regulations in place to 088 ensure safety in air travel.

Lighters, e-cigarettes, and battery packs can't be put in 089 checked baggage. They must be carried on board. There are also limits to the number and amount you can carry. This is because an emergency response is impossible if these items explode in the cargo hold of an airplane.

Also, fertilizer cannot be checked or carried on board, because it contains chemicals that might cause an explosion. Finally, sharp objects and tools are all 090 prohibited items on planes.

KEY EXPRESSIONS

baggage restrictions
(= luggage restrictions) 수하물 규정
international flight 국제 항공편
domestic flight 국내 항공편
in place 마련되어 있는
ensure safety 안전을 보장하다
battery pack (= power bank) 보조 배터리
checked baggage 위탁 수하물
be carried on board 들고 탑승하다
emergency response 비상 대응
cargo hold 화물칸
be checked (짐을) 위탁하다
contain chemicals
화학 물질을 포함하고 있다
cause an explosion 폭발을 유발하다
prohibited item 금지 품목

088 ensure safety 안전을 보장하다

There are certain basic regulations in place to ensure safety in air travel.
안전한 항공 여행을 위해 지켜야 할 기본 규정이 마련되어 있다.

We need to follow the rules to ensure safety.
안전을 보장하기 위해서 규정을 따라야 한다.

The cabin crew is trained to ensure the safety of passengers.
객실 승무원은 승객의 안전을 보장하기 위해 훈련을 받는다.

089 checked baggage 위탁 수하물

Lighters and battery packs can't be put in checked baggage.
라이터와 보조 배터리는 위탁 수하물에 넣을 수 없다.

The airline lost my checked baggage.
항공사에서 나의 위탁 수하물을 분실했다.

I put heavy items in my checked baggage.
무거운 물건은 부치는 짐에 넣었다.

090 prohibited item 금지 품목

Sharp objects and tools are all prohibited items on planes.
뾰족한 물건이나 공구류는 모두 기내 반입이 금지되어 있다.

I checked my pockets for prohibited items.
나는 주머니에 금지 품목이 없는지 확인했다.

Large containers of liquids are prohibited items.
액체가 담긴 대용량 용기는 금지 품목이다.

DIALOGUE PRACTICE

A You should **be familiar with** the baggage regulations when you **get on a flight**.

B That's right. I should do that.

A I really **had a hard time** the last time I traveled.

B Why?

A I had a **prohibited item** in my **checked baggage**.

A 항공기 탑승할 때 수하물 규정 잘 알아 두세요.
B 맞아요. 그래야겠어요.
A 저는 지난 여행 때 고생했어요.
B 왜요?
A 위탁 수하물에 넣어서는 안 되는 물건이 있어서요.

COMPOSITION PRACTICE

1 나는 부치는 짐은 빨간 여행 가방을 사용한다. (checked baggage)

2 나는 라이터가 금지 품목일 것으로 생각했다. (prohibited item)

3 규정을 잘 알고 있다면 문제없을 것이다. (be familiar with)

4 아내가 공항에서 한바탕 고생했다. (have a hard time)

ANSWERS
1. I use a red suitcase for my **checked baggage**.
2. I thought lighters are a **prohibited item**.
3. If you **are familiar with** the rules, you will be fine.
4. My wife **had a hard time** at the airport.

CHAPTER

3

SHOPPING

쇼핑

RELATED QUESTIONS

주제별 스피치 향상을 위한 질문 모음

Try to answer the questions based on each topic.

DAY 31 TOPIC 온라인 쇼핑

1 What are some advantages of shopping online? What are some disadvantages?
2 Talk about the last time you bought something online.
3 Talk about a time when you had trouble when you were ordering something online.

DAY 32 TOPIC 홈쇼핑

1 Describe a product you purchased through home shopping.
2 What are the pros and cons of home shopping channels?
3 What are the differences between TV home shopping and online live shopping platforms?

DAY 33 TOPIC 아웃렛 몰

1 Do you prefer shopping online, or at outlet malls? Explain your preference.
2 Share some tips for finding good deals at outlet malls.
3 How are outlet malls different from department stores?

DAY 34 TOPIC 인터넷 장보기

1 What are some types of groceries you buy online?
2 Which sites, apps or services do you use for online shopping? Why do you prefer them?
3 Describe cases in which you prefer going to a store, rather than ordering online.

DAY 35 TOPIC 음식 배달 앱

1 What types of food do you like to have delivered?
2 How is ordering delivery by phone different from using an app?
3 Talk about a time when you experienced a problem while ordering in on an app.

DAY 36 TOPIC 정기 배송 서비스

1 What are some things you have delivered on a regular basis?
2 What are the biggest benefits of regular delivery services?
3 Talk about the side effects of people ordering things online too often.

DAY 37 TOPIC 해외 직구

1 What types of items do people typically buy online from overseas?
2 Why do you think online overseas shopping has become so common in recent years?
3 What are some things you buy online that are hard to find in Korea?

DAY 38 TOPIC 상품권

1 Do you think gift certificates are good gifts? Why or why not?
2 To whom have you given gift certificates to in the past? What was the occasion?
3 Talk about a time you sent a mobile gift voucher to someone.

DAY 39 TOPIC 와인 쇼핑

1 What is your favorite type of wine? Why do you like it so much?
2 Talk about the last time you had wine. When and where was it? What was special?
3 What are some foods that go well with wine?

DAY 40 TOPIC 책임 있는 지출

1 What are some purchases you have made that you now regret?
2 Have you ever had to borrow money? Describe what happened.
3 What are some ways to save money?

DAY 31

Online Shopping

온라인 쇼핑

음원 31

Today's TOPIC

31th

요즘은 거의 모든 물품을 인터넷상으로 구매할 수 있고 수많은 인터넷 쇼핑몰이 있어서, 물건 사는 것이 매우 쉬워졌다. 워낙 다양한 제품이 있고 가격대도 다양하다. 같은 품목을 최저가로 판매하는 판매자를 찾을 수도 있다. 그렇게 하면 물건을 저렴한 가격으로 살 수 있다.

물론, 물건을 직접 보고 사는 것은 아니므로, 신중하게 구매해야 한다. 더불어, 모바일 앱을 통하여 필요한 물품을 중고로 사는 사람도 많아졌다.

그러나 인터넷 쇼핑이 보편화되면서, 문제점도 적지 않게 생겨나고 있다. 충동구매가 그중 하나인데, 인터넷 광고 때문에 필요하지 않은 물건을 사게 되는 일이 있다. 또 다른 문제는 온라인 거래를 하다 사기를 당하는 일이 있다는 것이다.

SPEECH PRACTICE

You can buy almost anything online these days. It's 091 a snap to buy things, because there are so many online shopping malls. There's a wide range of products and prices. You can find vendors with the best price for a certain product. That way, you can buy items at a 092 bargain price.

Of course, you can't see the product in person, so you should be careful when you purchase something. Lots of people also buy used goods that they need through mobile apps.

However, as online shopping has become widespread, several problems have popped up as well. 093 Impulse buys are one of those problems, as people buy things they have no use for. Sometimes, people purchase non-essential items because of online ads. Another problem is that people often get swindled in online transactions.

KEY EXPRESSIONS

buy something online 인터넷으로 구매하다
a snap 매우 쉬운 일
a wide range of 다양한
vendor 상인, 판매자
the best price 최저가
bargain price 낮은 가격, 싼 가격
in person 직접
used goods 중고 물품
through mobile app 모바일 앱을 통해
become widespread 보편화되다
pop up 생겨나다
impulse buy 충동구매
have no use for 소용이 없다
non-essential item 불필요한 물품
online ad 인터넷 광고
get swindled 사기를 당하다
online transaction 온라인 거래

PATTERN
PRACTICE

091 a snap 매우 쉬운 일

It's a snap to buy things because there are so many online shopping malls.

수많은 인터넷 쇼핑몰이 있어서, 물건 사는 것이 매우 쉬워졌다.

In Korea, traveling to other cities is a snap.

한국에서는 다른 도시로 이동하는 것이 매우 쉽다.

It's a snap once you get used to it.

익숙해지면 아주 쉬운 일이야.

092 bargain price 낮은 가격, 싼 가격

You can buy items at a bargain price.

낮은 가격에 물건을 살 수 있다.

If you wait a little longer, you can buy it at a bargain price.

조금 더 기다리면 아주 싼 가격으로 살 수 있다.

The products are older, but they are sold at bargain prices.

상품들이 좀 더 오래됐지만, 낮은 가격에 판매된다.

093 impulse buy 충동구매

Impulse buys are a big problem these days.

요즘은 충동구매가 큰 문제이다.

It was an impulse buy, but I don't regret it.

충동구매였지만, 후회하지는 않아.

To prevent impulse buys, I didn't bring my wallet.

충동구매를 막기 위해 나는 지갑을 가지고 가지 않았다.

DIALOGUE PRACTICE

A Is that a new jacket? I've never seen you wearing it before.

B Yeah, I bought it last weekend. Do you like it?

A It looks great. But it **looks expensive**.

B Not at all. I **bought it for almost nothing**. I found a really low price online.

A I especially like the color.

A 그 재킷 새것이야? 전에는 입고 있는 걸 본 적이 없는 것 같은데.
B 응, 지난 주말에 샀어. 마음에 들어?
A 아주 멋지네. 그런데 비싸 보인다.
B 혀 아니야. 정말 저렴하게 구했어. 인터넷으로 아주 싼 가격을 찾았지.
A 특히 색깔이 마음에 든다.

COMPOSITION PRACTICE

1 어떻게 하는지 방법만 알면 아주 쉬워. (a snap)

2 중고 물품 거래가 그 어느 때보다 보편화되었다. (used goods)

3 충동구매는 최대한 피하는 것이 좋다. (impulse buy)

4 이사하면서 불필요한 물건을 많이 버렸다. (non-essential item)

ANSWERS
1. It's **a snap** if you know how to do it.
2. Buying and selling **used goods** has become more common than ever.
3. You need to avoid **impulse buys** as much as you can.
4. I threw away a lot of **non-essential items** when I moved.

DAY
32

Home Shopping

홈쇼핑

음원 32

Today's TOPIC

32th

홈쇼핑을 통해서 물건을 구매하는 사람들이 매우 많다. TV 주요 채널 중간중간에 들어가 있어서, 채널을 돌리다 보면 홈쇼핑 채널을 쉽게 접할 수 있다.

홈쇼핑 방송에서는 쇼호스트가 관련 제품에 대한 설명을 차근차근히 해 준다. 제품의 장점에 대해 상세히 부각해서, 소비자에게 구매하고 싶은 욕구를 갖게 한다. 더불어, 자동 주문이나 상담 전화번호도 방송 화면에 안내된다. 주문 시간, 잔여 물량이 얼마나 남았는지도 계속 안내해 준다.

홈쇼핑의 최대 장점은 제품 가격이다. 특정 물건을 최저가에 판매하는 일이 많다. 더불어, 대부분의 경우 신용카드 할부로 나눠서 지불할 수 있다.

SPEECH PRACTICE

Many people buy things through home shopping. The channels are placed between major TV channels, so you can see a lot of home shopping channels when you are channel surfing.

On home shopping broadcasts, the hosts of the show 094 walk you through the details of each product. They 095 put an emphasis on each product's strengths, to make consumers open their wallets. The screen also shows phone numbers for easy ordering or consultations. They also tell you how long you have until time is up and how many items are left.

The biggest advantage of home shopping is the prices. Often, they offer the best price for a product. You can also use your credit card to 096 pay in installments most of the time.

KEY EXPRESSIONS

be placed between 사이에 놓이다
channel surfing 채널 돌리기
home shopping broadcast 홈쇼핑 방송
walk someone through 차근차근히 설명해 주다
put an emphasis on 강조하다
open one's wallet 구매하게 하다
consultation 상담
time is up 시간이 다 되다
the best price 최저가
pay in installments 할부로 사다

PATTERN
PRACTICE

094 walk someone through 차근차근히 설명해 주다

The emcees walk you through the details of each product.
진행자들이 각 제품에 대한 설명을 차근차근히 해 준다.

I'll walk you through the details tomorrow.
자세한 내용은 내일 차근차근히 설명해 줄게.

Can you walk me through the process one by one?
진행 과정을 하나씩 차근차근히 설명해 줄 수 있어?

095 put an emphasis on 강조하다

The show hosts put an emphasis on each product's strengths.
진행자들이 제품의 장점에 대해 상세하게 부각한다.

Our boss puts an emphasis on teamwork.
우리 직장 상사는 팀 내 협력을 매우 중요하게 여긴다.

The chef puts an emphasis on fresh ingredients.
그 요리사는 신선한 식재료 사용을 강조한다.

096 pay in installments 할부로 사다

You can use your credit card to pay in installments.
신용카드 할부로 나눠서 지불할 수 있다.

It's too expensive, so I will have to pay in installments.
너무 비싸서 난 할부로 사야겠어.

We paid for the fridge in installments.
우리는 냉장고를 할부로 샀다.

DIALOGUE PRACTICE

A Do you buy things through home shopping?

B No, not really. But my mom buys stuff **all the time**.

A Oh, really? What kinds of items does she buy?

B I think she buys food **most of the time**. She also buys clothes **on occasion**.

A Home shopping channels have **reasonable prices**.

A 홈쇼핑에서 물건 사니?
B 아니, 난 별로 안 사는데, 우리 어머니는 자주 구매하셔.
A 아, 그래? 주로 뭘 사시는데?
B 주로 식품 종류 사시는 것 같아. 옷도 종종 사시는 거 같고.
A 홈쇼핑 채널은 가격이 괜찮은 편이야.

COMPOSITION PRACTICE

1 지금 너에게 차근차근 설명해 주기에는 내가 너무 바빠. **(walk someone through)**

2 발표에서는 이 요점을 강조해야 해. **(put an emphasis on)**

3 너무 비싸면 할부로 살 수도 있어. **(pay in installments)**

4 인터넷에 찾아보면, 합리적인 가격에 살 수 있어. **(reasonable price)**

ANSWERS 1. I'm too busy to **walk you through** it right now.
2. The presentation should **put an emphasis on** this point.
3. If it's too expensive, you can **pay in installments**.
4. If you search online, you can buy it at a **reasonable price**.

DAY
33

Outlet Malls

아웃렛 몰

음원 33

Today's TOPIC

33th

대략 10년 전에 한국에 아웃렛 몰이 들어서기 시작했다. 이제는 전국 어디를 가도 한 곳은 있을 정도로 아울렛 몰이 많아졌다. 아웃렛 몰에는 넓은 대지에 수많은 상점이 즐비하다. 이곳에 가면 사람들은 한 번에 많은 것을 해결할 수 있다. 한 번에 쇼핑도 하고, 외식한 후 커피를 마실 수 있다.

최근에 가족과 옷을 사러 집에서 차로 1시간 정도 거리에 있는 아웃렛 몰에 갔다. 주말이어서 그런지 사람이 무척이나 많았다. 주차장에 차가 너무 많아서 주차하는 데만 30분 이상 걸렸다.

몰에 들어가서 다양한 옷을 보기 시작했다. 가을에 입을 옷을 미리 사려고 했다. 다른 곳에서 비해서 가격이 저렴한 편이었다. 중간에 배가 고파서 부지 안에 있는 음식점에서 점심을 먹었다. 이런 장점 때문에 사람들이 아웃렛 몰에 물건을 사러 오는 것 같다.

SPEECH PRACTICE

Outlet malls began to make their way into Korea about ten years ago. They're so common now, you can find one in most parts of the country. Outlet malls feature a wide array of stores on a large plot of land. Visitors to these malls can get a lot done all at once. They can shop, eat out, and have coffee.

Recently, I went shopping for clothes with my family to an outlet mall 097 an hour away by car. Because it was a weekend, it 098 was crowded with people. There were so many cars that it took half an hour just to park.

We went inside and began 099 window shopping. I wanted to get a head start on buying clothes for autumn. The prices were cheaper compared to other places. We got hungry along the way, so we grabbed some lunch at a restaurant on the premises. I think these advantages are what draw people to outlet malls.

KEY EXPRESSIONS

make one's way into 들어서다
feature 선보이다, 특징을 가지고 있다
a wide array of 다양한 종류의
a large plot of land 넓은 대지
get a lot done 많은 일을 하다
eat out 외식을 하다
go shopping for ~을 사러 가다
an hour away by car 자동차로 한 시간 거리
be crowded with people 사람들로 붐비다
take half an hour 30분이 걸리다
window shopping 아이쇼핑
get a head start on 미리 준비하다
along the way 과정 중에
grab some lunch 점심을 가볍게 해결하다
on the premises 현장에 있는
draw someone to ~으로 이끌다

097 an hour away by car 자동차로 한 시간 거리

We went to an outlet mall an hour away by car.
차로 한 시간 정도 거리에 있는 아웃렛 몰에 갔다.

My son's school is about an hour away by car.
우리 아들 학교는 차로 대략 한 시간 거리에 있어.

My office is an hour away by car.
우리 사무실은 차로 한 시간 거리에 있다.

098 be crowded with people 사람들로 붐비다

Popular shopping malls are crowded with people on weekends.
인기 쇼핑몰은 주말에 사람들이 몰린다.

I don't like to go to places that are crowded with people.
나는 사람들이 붐비는 곳에 가는 것을 싫어한다.

The park was crowded with people who came to enjoy the nice weather.
공원은 화창한 날씨를 만끽하러 온 사람들로 붐볐다.

099 window shopping 아이쇼핑

We went inside and began window shopping.
안에 들어가서 다양한 옷을 둘러보기 시작했다.

I was just going to go window shopping, but I ended up spending a lot of money.
구경만 하려고 했는데, 결국 돈을 많이 써 버리고 말았다.

I like to go window shopping when I travel.
여행을 가면 상점의 물건을 구경하는 것을 좋아한다.

DIALOGUE PRACTICE

A Wow, that's a pretty blouse! Is it new?

B Thanks for noticing. I **got it really cheap** at an outlet mall.

A How much was it?

B It was only around 40,000 won.

A **That's a bargain**. It would probably **cost twice as much** anywhere else.

> **A** 우와, 그 블라우스 예쁘다. 새것이야?
> **B** 알아봐 줘서 고마워. 아웃렛 몰에서 진짜 싸게 샀어.
> **A** 얼마 주고 샀는데?
> **B** 4만 원 정도밖에 안 했어.
> **A** 정말 싸게 샀다. 다른 곳에서는 아마 두 배는 했을 거야.

COMPOSITION PRACTICE

1 짧은 시간 내에 많은 것을 할 수 있었다. (get a lot done)

2 맛집은 보통 사람들로 붐벼. (be crowded with people)

3 차로 한 시간 이상 걸리지 않는 거리야. (an hour away by car)

4 나는 직접 둘러보며 물건 사는 것을 즐기는 편이지만, 요즘은 주로 인터넷으로 산다. (window shopping)

ANSWERS
1. I was able to **get a lot done** in a short time.
2. Good restaurants **are** usually **crowded with people**.
3. It's no more than **an hour away by car**.
4. I enjoy **window shopping**, but I usually buy things online these days.

DAY
34

Online Grocery Shopping

인터넷 장보기

음원 34

Today's TOPIC

34th

한국은 세계적으로 인터넷 장보기가 가장 활발한 국가 중의 하나이다. 생활 필수품 판매량에서 전자 상거래가 차지하는 비중이 25%를 상회하고 있다. 이는 해당 수치가 한 자리에 불과한 다른 주요 선진국을 크게 앞지른다.

특히 젊은 세대를 중심으로, 스마트폰으로 장을 보고, 집으로 배송 받는 것이 일상화되었다. 신선한 농산물에서 육류나 해산물에 이르기까지, 거의 모든 품목이 인터넷을 통해서 구매할 수 있다. 이런 온라인 장보기가 빨리 정착한 이유 중의 하나는 빠른 배송이다. 주문한 다음 날 새벽에 식료품이 배달되는 서비스가 표준으로 자리 잡았다.

유명한 유통업체들도 매장 점포 수를 줄이고, 그 대신 온라인 장보기 서비스를 확대해 나가고 있다.

SPEECH PRACTICE

Korea is a global leader when it comes to shopping for groceries online. Online sales of daily necessities make up 25% of the total trade volume. That figure is much higher than in other first world countries, where the number is in the single digits.

Especially among younger generations, people now 100 shop for groceries by 101 placing orders on their smartphones and having them delivered to their home. People can buy almost everything online, including fresh produce, meat, and seafood. 102 Speedy delivery is one of the reasons online grocery shopping caught on quickly. Getting groceries delivered early in the morning the day after you ordered has become the norm.

Well-known distributors are cutting down on the number of stores, in favor of expanding online shopping services.

KEY EXPRESSIONS

when it comes to ~에 있어
daily necessities 생필품
trade volume 거래량
first world country 선진국
in the single digits 한 자릿수의, 10 미만의
shop for groceries 장을 보다
place an order 주문하다
have something delivered 배달 주문을 하다
fresh produce 신선한 농산품
speedy delivery 신속한 배달
catch on 유행하기 시작하다, 정착하다
have become the norm 표준으로 자리 잡다, 일상이 되다
well-known distributor 유명한 유통 업체
cut down on 절감하다, 줄이다
in favor of ~로 대체하기 위해

PATTERN PRACTICE

100 shop for groceries 장을 보다

People now shop for groceries on their smartphones.
사람들은 이제 스마트폰으로 장을 본다.

Some people don't like to shop for groceries online.
온라인상에서 장을 보는 것을 좋아하지 않는 사람들도 있다.

How often do you shop for groceries?
얼마나 자주 장을 보세요?

101 place an order 주문하다

People place orders on their smartphones.
사람들은 스마트폰으로 주문한다.

It's really easy to place an order on this app.
이 앱으로 주문하는 것은 매우 쉬워.

Why is it so difficult to place an order on this app?
이 앱은 왜 이렇게 주문하기가 어려운 거야?

102 speedy delivery 신속한 배달

Speedy delivery is one of the reasons online grocery shopping is so popular.
온라인 장보기가 인기 있는 이유 중 하나는 빠른 배송이다.

I don't mind paying extra for speedy delivery.
신속한 배달을 받을 수 있다면 추가 금액도 기꺼이 낼 수 있다.

You can get speedy delivery almost anywhere in Korea.
한국은 전국 어디에서든 신속한 배달을 받을 수 있다.

DIALOGUE PRACTICE

A Where do you usually shop for groceries?

B Me? I usually **do my shopping online**.

A Really? For groceries, isn't it better to go and see the products **in person**?

B No, it's **not a must**.

A I see. It does seem like more people are buying groceries online these days.

A 장 주로 어디서 보니?
B 나? 나는 주로 인터넷으로 장을 봐.
A 정말? 식품인데 직접 가서 보고 사는 게 좋지 않아?
B 아니. 굳이 안 그래도 돼.
A 그렇구나. 요즘 온라인으로 장 보는 사람이 많아진 것 같기는 해.

COMPOSITION PRACTICE

1 일행이 워낙 많아서 주문하는 데 시간이 오래 걸렸다. (place an order)

2 신속한 배달 덕분에 바로 다음 날에 받아볼 수 있었다. (speedy delivery)

3 한국에서는 그 기술이 빠르게 정착했다. (catch on)

4 권장 사항이기는 하지만 필수는 아니다. (not a must)

ANSWERS
1. It took a long time to **place our order** because there were so many people.
2. Thanks to **speedy delivery**, I was able to receive it the next day.
3. The technology **caught on** quickly in Korea.
4. It's suggested, but it's **not a must**.

DAY
35

음원 35

Food Delivery Apps

음식 배달 앱

Today's TOPIC

35th

요즘 사람들은 음식 배달 앱을 자주 사용한다. 배달 앱 덕분에 음식을 시켜 먹는 것이 정말 쉬워졌다. 앱을 설치하면, 수많은 메뉴가 종류별로 정리되어 있다. 주소지를 입력하면, 인근에 있는 음식점 중심으로 리스트가 생성된다.

음식을 고르고 앱에서 바로 결제할 수 있다. 배달비를 별도로 내야 하는 곳도 있다. 음식 주문을 완료하면 도착 예정 시간을 앱에서 알려준다.

지난 주말에 중국 음식이 생각나서 시켜 먹기로 마음먹었다. 배달 앱을 켜고 좋은 후기가 많은 중국집을 골랐다. 그리고 앱에 연동된 신용카드로 결제했다. 조금 기다리니, 음식이 식당에서 출발했다는 알림 메시지가 왔다. 바로 만든 음식이어서 정말 맛있었다. 앱을 다시 켜서 그 음식점에 칭찬 댓글을 달았다.

SPEECH PRACTICE

People these days use food delivery apps very often. 103 Ordering in is really easy thanks to these apps. When you install one of the apps, different menus are arranged by category. Typing in your address creates a list of restaurants that are located nearby.

You can choose your food and pay right on the app. Some places charge a fee for delivery. After you make your order, you can see the 104 ETA on the app.

Last weekend, I was craving Chinese food, so I decided to order delivery. I fired up a delivery app, and chose a Chinese place that had a lot of gushing reviews. I paid using a credit card that was registered to the app. A little later, I received an alert that my food had left the restaurant. The food was delicious because it was 105 cooked to order. I turned the app back on to leave a comment praising the restaurant.

KEY EXPRESSIONS

order in 음식을 시켜 먹다
arranged by category 종류별로 정렬된
type in 자판을 쳐서 입력하다
be located nearby 가까운 곳에 있는
charge a fee 비용을 청구하다
make an order 주문을 넣다
ETA (= estimated time of arrival) 도착 예정 시간
crave 몹시 먹고 싶다
order delivery 배달을 시키다
fire up (앱/전원 등을) 켜다
highly-ranked 순위가 높은
gushing review 호평, 칭찬 후기
registered to 등록된, 연동된
receive an alert 알림 메시지를 받다
cooked to order 주문 즉시 조리되는
turn the app back on 앱을 다시 켜다
leave a comment 댓글을 남기다

103 order in 음식을 시켜 먹다

Ordering in is really easy thanks to these apps.
배달 앱 덕분에 음식을 시켜 먹는 것이 상당히 쉬워졌다.

I ordered in because I was too tired to cook.
요리하기에는 너무 피곤해서 음식을 시켜 먹었어.

We were very busy, so we ordered in for lunch.
너무 바빠서 점심은 배달시켜 먹었다.

104 ETA (= estimated time of arrival) 도착 예정 시간

After you order something, you can see the ETA in the app.
주문을 완료하면 도착 예정 시간을 앱에서 알려 준다.

We arrived before the original ETA.
예정 시간보다 일찍 도착했어.

I texted my ETA to my friends.
친구들한테 내 도착 예정 시간을 문자로 보냈다.

105 cooked to order 주문 즉시 조리되는

The food was delicious because it was cooked to order.
바로 만든 음식이어서 정말 맛있었다.

The burgers here are cooked to order.
이곳 햄버거는 주문하는 즉시 조리돼.

The food is all cooked to order, so it takes some time.
음식이 전부 즉석에서 조리되어서 시간이 좀 걸려.

DIALOGUE PRACTICE

A I'm hungry. What should we order for dinner?

B How about pizza?

A That sounds great. But wait, I left my phone in the car.

B **Leave it to me**. I can order it on my app.

A Okay, I'll pay for dinner tomorrow.

A 나 배고파. 저녁은 뭐 시켜 먹을까?
B 피자 어때?
A 좋은 생각이다. 근데 잠깐, 전화기를 차에 두고 와 버렸네.
B 나한테 맡겨. 내 앱으로 주문할 수 있어.
A 알았어. 내일 저녁은 내가 살게.

COMPOSITION PRACTICE

1 한국에서는 거의 모든 음식을 시켜 먹을 수 있어. (order in)

2 원래 예상했던 시간보다 훨씬 늦게 도착했다. (ETA)

3 그 드라이기에 대한 칭찬 후기가 정말 많아. (gushing review)

4 주문하는 즉시 튀겨 내서 그런지 치킨이 바삭바삭해. (cooked to order)

ANSWERS
1. You can **order in** almost anything in Korea.
2. We arrived much later than our original **ETA**.
3. The blow dryer has a lot of **gushing reviews**.
4. The chicken is crispy because it was **cooked to order**.

DAY 36

음원 36

Regular Delivery Service

정기 배송 서비스

Today's TOPIC

36th

요즘은 거의 모든 제품을 인터넷상에서 구매하려는 경향이 있다. 웬만한 전자 제품부터 생필품, 심지어 식료품에 이르기까지 거의 모든 것을 다 온라인으로 주문할 수 있다.

이 같은 추세에 맞춰, 일부 기업은 자주 구매하는 제품을 정기 배송해 주는 서비스를 제공하고 있다. 몇 년 전에 시작된 서비스이지만, 최근 들어 이용자 수가 급증했다. 주로 정기적으로 먹는 음료, 달걀, 샐러드 재료 등을 정기적으로 배송해 준다. 예전부터 있던 우유나 요구르트 같은 유제품 배달 서비스가 더 많은 식품으로 확대된 개념이라고 보면 된다.

그뿐만 아니라 화장지, 면도날, 면도 크림, 세제, 손 세정제와 같은 소모품을 정기 배송할 수 있는 서비스도 생겨났다. 전자 상거래 업체를 중심으로 이러한 서비스는 점점 더 확대되어 가고 있다.

SPEECH PRACTICE

There is 106 a tendency to order almost everything online these days. The vast majority of things can be purchased online, including most electronics, daily necessities, and even groceries.

107 Taking notice of this trend, some companies are providing services that deliver frequently-purchased items on a regular basis. The service started several years ago, but they 108 really took off recently. The most common items for regular deliveries include drinks, eggs, and salad ingredients. It's basically an expansion of earlier delivery services for dairy products like milk and yogurt.

What's more, there are now services that regularly deliver consumables like toilet paper, razor blades, shaving cream, laundry detergent, and hand sanitizers. E-commerce companies are continuing to expand these services.

KEY EXPRESSIONS

a tendency to ~하는 경향
the vast majority of 대다수
daily necessities 생필품
take notice of 인지하다, 인식하다
frequently-purchased item 자주 구매하는 물품
on a regular basis 정기적으로
really take off 본격적으로 인기를 얻기 시작하다
dairy product 유제품
consumables 소모품
toilet paper 화장지
razor blade 면도날
laundry detergent 빨래 세제
hand sanitizer 손 세정제
e-commerce company 전자 상거래 업체

106 a tendency to ~하는 경향

There is a tendency to order almost everything online these days.

요즘은 거의 모든 제품을 인터넷상에서 구매하려는 경향이 있다.

I have a tendency to sweat when I get nervous.

나는 긴장을 하면 땀이 나는 경향이 있다.

She has a tendency to avoid difficult problems.

그녀는 어려운 문제를 피하려는 경향이 있다.

107 take notice of 인지하다, 인식하다

Taking notice of this trend, some companies are providing regular delivery services.

이 같은 추세에 맞춰, 일부 기업은 정기 배송 서비스를 제공하고 있다.

Nobody took notice of that at first.

처음에는 아무도 그것을 인식하지 못했다.

If you want people to take notice of you, you need to work harder.

사람들이 네 능력을 알아주기를 원한다면, 더 열심히 해야 해.

108 really take off 본격적으로 인기를 얻기 시작하다

The regular delivery services really took off recently.

정기 배송 서비스는 최근 들어 이용자 수가 급증했다.

Her career really took off after that movie.

그 영화 이후로 그녀의 경력이 본격적으로 뜨기 시작했다.

The company really took off after the success of that product.

그 회사는 그 제품의 성공으로 본격적으로 도약하기 시작했다.

DIALOGUE PRACTICE

A Where do you **shop for groceries** these days?

B I **order most things online**. And I **get regular deliveries** for some items.

A Regular deliveries?

B Yeah. I have things like eggs or water delivered regularly.

A Oh, that kind of service **is new to** me.

A 요즘 장 보러 어디로 가?
B 거의 대부분은 온라인상에서 시켜. 정기 배송하는 것들도 있고.
A 정기 배송?
B 응. 달걀이나 물 같은 것을 정기적으로 배송받아.
A 아, 그런 서비스는 나한테는 생소하네.

COMPOSITION PRACTICE

1 나는 매운 음식을 먹으면 재채기하는 경향이 있다. (a tendency to)

2 새로 온 인턴은 모두의 눈에 띄었다. (take notice of)

3 우리 사업은 그 이후에 본격적으로 잘되기 시작했다. (really take off)

4 나는 여행 중에 생소한 것을 많이 접했다. (be new to)

ANSWERS
1. I have **a tendency to** sneeze when I eat spicy food.
2. Everyone **took notice of** the new intern.
3. Our business **really took off** after that.
4. I experienced a lot of things that **were new to** me during my trip.

DAY
37

Online Overseas Shopping

해외 직구

음원 37

Today's TOPIC

37th

해외 쇼핑몰에서 물건을 직접 사는 사람이 날이 갈수록 늘어나고 있다. 왜냐하면 국내에서 구하기 힘든 외국 상품을 직접 구매하려는 사람이 많기 때문이다.

해외 직구를 할 때 대부분은 배송 대행 서비스를 이용한다. 먼저 구매자는 온라인 쇼핑몰에서 물건을 살 때 그 나라에 있는 배송 대행 회사로 상품이 배송되도록 한다. 그러면 그 업체에서 구매자에게 해외 배송을 해 주는 방식이다.

해외 직구의 가장 큰 장점은 한국에 없는 제품을 저렴한 가격에 살 수 있다는 것이다. 또한 희귀한 상품을 살 수 있어서, 다른 사람에게 없는 제품을 구매할 수 있다는 장점도 있다.

SPEECH PRACTICE

More and more people are buying things directly from overseas shopping sites. It's because lots of people want to buy foreign products that 109 **are hard to come by** in Korea.

When buying from overseas, most people use proxy shipping services. When users buy things from online shopping sites, they first 110 **have the product shipped to** a proxy shipping company. Then, the company ships the item overseas to the buyer.

The biggest advantage of shopping from overseas sites is that you can buy products that aren't available in Korea. Plus, you can buy them 111 **on the cheap**. You can also buy rare products, so you can get something that isn't a dime a dozen.

KEY EXPRESSIONS

overseas shopping site 해외 쇼핑몰
be hard to come by 구하기 힘들다
proxy shipping service 배송 대행 서비스
online shopping site 인터넷 쇼핑 사이트
have something shipped to ~을 ~로 배송시키다
ship overseas 해외로 배송하다
available 구매할 수 있는
on the cheap 저렴하게
rare product 희귀한 상품
a dime a dozen 매우 흔한 것

109 be hard to come by 구하기 힘들다

Some foreign products are hard to come by in Korea.
일부 외국 제품은 한국에서 구하기 힘들다.

That type of product is hard to come by these days.
저런 제품은 요즘은 구하기 힘들어.

Wi-Fi isn't hard to come by in Korea.
한국에서는 와이파이 신호를 쉽게 잡을 수 있다.

110 have something shipped to ~을 ~로 배송시키다

Users first have the product shipped to a proxy shipping company.
먼저 구매자는 상품이 배송 대행 업체로 배송되도록 한다.

Did you have it shipped to your home, or your office?
그거 집으로 배송시켰어, 아니면 회사로 보냈어?

You can have anything shipped to your home these days.
요즘에는 거의 무엇이든 집으로 배송시킬 수 있다.

111 on the cheap 저렴하게

You can buy items on the cheap.
물건을 저렴하게 살 수 있다.

If you wait a while, you can get it on the cheap.
조금만 기다리면 더욱 저렴하게 살 수 있어.

I bought it on the cheap at an outlet mall.
아웃렛 몰에서 저렴하게 샀다.

DIALOGUE PRACTICE

A I recently bought some clothes on an **overseas shopping site**, and they're **just to my liking**.

B Did you use a **proxy shipping service**?

A Yeah. It **made it a breeze** to **have the purchase delivered**.

B But I think shipping takes so long.

A You have to wait at least a month.

A 맞아. 나 최근에 해외 직구 사이트에서 옷을 샀는데, 너무 마음에 들어.
B 배송 대행 서비스 이용했어?
A 응. 그게 있어서 배송도 쉽게 받을 수 있더라고.
B 그런데 배송이 너무 오래 걸리는 거 같아.
A 최소 한 달은 기다려야 해.

COMPOSITION PRACTICE

1 요즘은 한국에서도 열대과일을 구하기 어렵지 않다. (be hard to come by)

2 아내에게 들키지 않으려고 회사로 배송시켰다. (have something shipped to)

3 세일 중이라 저렴하게 살 수 있었어. (on the cheap)

4 이 앱을 쓰면 음식을 시켜 먹기가 아주 쉬워. (make something a breeze)

ANSWERS
1. These days, tropical fruits **aren't hard to come by** even in Korea.
2. I didn't want my wife to know, so I **had it shipped to** my office.
3. It was on sale, so I was able to buy it **on the cheap**.
4. This app **makes** ordering in **a breeze**.

DAY
38

음원 38

Gift Certificates

상품권

Today's TOPIC

38th

한국에서는 상품권이 매우 보편화되어 있다. 일반적인 백화점 상품권 외에도, 거의 모든 브랜드가 자사의 상품권을 판매한다. 상품권의 주된 목적은 누군가에게 선물로 주기 위함이다. 직접 상품을 고르지 않아도 되기 때문에 주는 사람의 부담을 던다. 받는 사람은 본인이 원하는 제품을 살 수 있어서 일석이조이다.

요즘은 카드 형태로 나와서, 잔액에서 차감하여 쓰는 상품권도 출시되었다. 그뿐만 아니라 핸드폰으로 쉽게 보낼 수 있는 선물 교환권도 점점 더 보편화되고 있다. 가장 널리 활용되는 모바일 상품권은 커피숍이나 음식점에서 사용할 수 있는 것이다. 누군가에게 고마운 마음을 표현할 수 있는 좋은 선물이다.

SPEECH PRACTICE

Gift certificates are very commonly used in Korea. In addition to old-hat gift certificates for department stores, almost every brand has its own in-house gift certificates. The certificates are used most often as gifts. There's no need to 112 pick out a gift, which takes the load off the giver. The recipient can get whatever they want, so it's killing two birds with one stone.

These days, there are also gift certificate cards that let the user 113 deduct from the balance. Gift vouchers that can easily be sent by phone are also becoming common. The most common mobile gift certificates are used at coffee shops and restaurants. They are a good way to 114 express your gratitude to someone.

KEY EXPRESSIONS

gift certificate 상품권
be very commonly used
매우 보편화되어 있다
old-hat 전형적인, 평범한
in-house 자사의
pick out a gift 선물을 고르다
take the load off 부담을 덜다
recipient 수령자, 받는 사람
killing two birds with one stone
일석이조

gift certificate card 상품권 카드
deduct from the balance
잔액에서 차감하다
gift voucher 선물 교환권
be sent by phone 휴대 전화로 전송되다
mobile gift certificate
모바일 상품권, 기프티콘
express one's gratitude 감사를 표하다

112 pick out a gift 선물을 고르다

There's no need to pick out a gift.
선물을 고를 필요가 없다.

It took me quite a while to pick out a gift for my dad.
아버지께 드릴 선물을 고르는 데 시간이 제법 걸렸다.

Picking out a gift for someone special is not easy.
특별한 누군가에게 줄 선물을 고르는 것은 쉽지 않다.

113 deduct from the balance 잔액에서 차감하다

There are also gift certificate cards that let the user deduct from the balance.
사용자가 잔액에서 차감하여 쓸 수 있는 카드 상품권도 있다.

You can get a bus card and deduct from the balance for each ride.
버스 카드를 사서 탈 때마다 잔액에서 차감할 수 있어.

People can recharge their cards and deduct from the balance.
사람들은 카드에 금액을 충전하고 잔액에서 차감할 수 있다.

114 express one's gratitude 감사를 표하다

Gift certificates are a good way to express your gratitude.
상품권은 고마움을 표할 수 있는 좋은 방법이다.

I sent her a message to express my gratitude.
감사를 표하기 위해 그녀에게 메시지를 보냈다.

I don't know how to express my gratitude to my parents.
부모님께는 어떻게 감사를 표할지 모르겠다.

DIALOGUE PRACTICE

A Before you go, I wanted to give you this. Here, take it.

B What's this?

A It's a **gift certificate**. It's your birthday gift. **Happy belated birthday**!

B Oh, **you shouldn't have**!

A I'm sorry I couldn't give it to you on your birthday.

A 너 가기 전에 이거 주고 싶었어. 자, 받아.
B 이게 뭐야?
A 상품권이야. 네 생일 선물이라고. 늦었지만 생일 축하해!
B 아이고, 안 그래도 되는데!
A 생일 당일에 주지 못해서 미안해.

COMPOSITION PRACTICE

1 감사를 표하기 위해 그녀에게 선물을 사 줬다. (express one's gratitude)

2 매번 결제하는 것보다 잔액에서 차감하는 것이 편리하다. (deduct from the balance)

3 추가로 주어진 하루가 직원들의 부담을 덜어 줬다. (take the load off)

4 나는 선물을 고르는 데 시간이 오래 걸린다. (pick out a gift)

ANSWERS 1. I bought her a gift to **express my gratitude**.
2. It's easier to **deduct from the balance** than to pay each time.
3. The extra day **took the load off** the employees.
4. It takes a long time for me to **pick out a gift**.

DAY
39

Shopping for Wine

와인 쇼핑

음원 39

Today's TOPIC

39th

최근 몇 년 사이 와인의 인기가 꾸준히 증가하고 있다. 와인을 사서 집에서 마시는 사람이 점점 늘고 있다. 와인 동호회도 늘고 있고, 와인 관련 행사도 자주 볼 수 있다. 이는 한국 사람들의 주류에 대한 입맛이 달라지고 있다는 것을 의미한다. 와인 전문 술집도 점점 늘어나고 있다. 와인 전문 매장도 점점 보편화되고 있다.

프랑스, 이탈리아, 스페인, 칠레, 그리고 미국에서 생산된 와인이 가장 많이 수입된다. 여러 지역과의 자유 무역 협정이 체결되어, 좋은 와인이 저가에 들어오고 있다. 부담 없는 가격도 와인 보편화에 한몫하고 있다. 이 같은 추세 속에, 와인과 잘 어울리는 음식의 인기도 같이 올라가고 있다.

SPEECH PRACTICE

The popularity of wine has been steadily climbing in recent years. The number of people 115 popping bottles of wine at home is also increasing. There are more hobby groups related to wine, and we can see wine-related events quite often. This indicates that Koreans' 116 tastes in alcoholic drinks are changing. There are more and more bars that specialize in wine as well. Wine specialty stores have also become quite common.

Imported wines mostly come from wine regions like France, Italy, Spain, Chile and the US. Free Trade Agreements with many regions have been put into effect, so top-shelf wines are imported at bargain prices. Such low prices have played a role in the popularization of wine. Along with this trend, foods that 117 go well with wine are also becoming more popular.

KEY EXPRESSIONS

steadily climb 꾸준히 증가하다
pop a bottle 술을 따서 즐기다
hobby group 동호회
wine-related event 와인 관련 행사
taste in ~에 대한 취향, 입맛
specialize in wine 와인을 전문으로 취급하다
wine specialty store 와인 전문 매장
imported wine 수입 와인
wine region 와인 생산지
Free Trade Agreement(FTA) 자유 무역 협정
be put into effect 시행되다
top-shelf 품질이 좋은, 고급
bargain prices 저렴한 가격대
play a role in ~에 이바지하다
popularization of wine 와인 대중화
along with this trend 이 같은 추세에 따라
go well with ~와 잘 어울리다

115 pop a bottle 술을 따서 즐기다

The number of people popping bottles of wine at home is increasing.
와인을 사서 집에서 마시는 사람이 점점 늘고 있다.

I popped a bottle of wine that I got as a gift.
선물로 받은 와인 한 병을 따서 마셨다.

It's too late to pop a bottle now.
지금 술을 새로 따서 마시기에는 너무 늦었어.

116 taste in ~에 대한 취향, 입맛

Koreans' tastes in alcoholic drinks are changing.
한국 사람들의 주류에 대한 입맛이 달라지고 있다.

I had different tastes in food when I was younger.
내가 더 어릴 때는 음식 취향이 지금과 달랐다.

She has terrible taste in fashion.
그녀는 패션 감각이 너무 없어.

117 go well with ~와 잘 어울리다

Foods that go well with wine are also becoming more popular.
와인과 잘 어울리는 음식의 인기도 같이 올라가고 있다.

What kind of food goes well with red wine?
레드 와인과 잘 어울리는 음식 종류가 뭐지?

Does this tie go well with this shirt?
이 타이 셔츠와 잘 어울려?

DIALOGUE PRACTICE

A Do you prefer white wine, or red wine?

B Well, **it depends on** what I'm eating.

A You're right. Some wines **go well with** certain types of food.

B When I eat seafood, I usually drink white wine.

A Yeah, they **go well together**.

A 화이트 와인 좋아해, 아니면 레드 와인 좋아해?
B 글쎄, 먹는 음식이 무엇인지에 따라 다를 것 같은데.
A 맞아. 특정 음식에 더 잘 어울리는 와인이 있으니까.
B 응. 해산물 먹을 때는 화이트 와인을 주로 마셔.
A 둘이 궁합이 잘 맞지.

COMPOSITION PRACTICE

1 우리는 음악 취향이 서로 비슷해. (taste in)

2 이 시간에 술을 한 병 따기에는 너무 늦었어. (pop a bottle)

3 가격대가 워낙 저렴해서 나는 그곳에서 자주 쇼핑해. (bargain prices)

4 맥주와 치킨은 정말 궁합이 좋아. (go well with)

ANSWERS
1. We have similar **tastes in** music.
2. It's too late to **pop a bottle** at this hour.
3. I shop there often because of the **bargain prices**.
4. Beer really **goes well with** fried chicken.

DAY 40

Responsible Spending

책임 있는 지출

Today's TOPIC

40th

나는 책임감 있게 지출하는 것이 중요하다고 항상 느낀다. 나는 매달 일정 금액을 저축한다. 적금 통장을 만들어서 매월 빠지지 않고 돈을 넣고 있다. 더불어, 주식에도 조금 투자하고 있다. 요즘 은행 금리가 낮은 편이어서, 주식 펀드 투자를 통해서 조금이라도 더 돈을 불리려고 한다.

작년에 돈이 들어갈 곳이 많았다. 그래서 금전적으로 매우 힘들었다. 일단 살고 있던 집의 월세가 많이 올랐다. 그리고 몸이 아파서 치료를 받느라 돈이 제법 들어갔다. 거기에 차량 할부금까지 내고 있었다. 정말 빠듯해서 몹시 힘들었다. 한번은 신용카드 대금을 낼 돈이 부족했다. 결국 카드값이 연체되어 다른 카드들도 사용이 정지되었고, 신용도도 내려갔다.

SPEECH PRACTICE

I always feel that it is important to spend money responsibly. I save a fixed amount of money every month. I've 118 opened a savings account and have been depositing funds into it each month, without fail. I also invest a little in the stock market. Bank interest rates these days are low, so I'm trying to expand my assets through equity funds.

I had several 119 money drains last year. It was a hard time for me financially. The monthly rent for my house went up quite a lot. I also got sick, and it 120 cost an arm and a leg to get treated. I was even making monthly payments for my car. The going got tough. Once, I couldn't pay my credit card bill. I fell behind in payment. My other credit cards got suspended, and my credit rating went down.

KEY EXPRESSIONS

spend money responsibly 책임감 있게 돈을 지출하다
a fixed amount of 정해진 양
open a savings account 적금 통장을 개설하다
without fail 빠짐없이
savings account 저축 예금 계좌
interest rate 금리
expand one's assets 자산을 늘리다
equity fund 주식 펀드
money drain 돈이 많이 들어가는 것
monthly rent 월세
get sick 몸이 아프다
cost an arm and a leg 비용이 많이 들다
make monthly payments 월 할부로 내다
the going gets tough 상황이 힘들어지다
credit card bill 신용카드 청구서
fall behind in payment 지급이 연체되다
get suspended 사용이 정지되다
credit rating 신용 등급

PATTERN
PRACTICE

118 open an account 통장/계정을 개설하다

I've opened a savings account.
적금 통장을 개설했다.

I don't go to the bank unless I have to open an account.
나는 통장을 개설할 때를 제외하면 은행에 가지 않는다.

You can open an account online these days.
요즘은 인터넷으로도 통장을 개설할 수 있다.

119 money drain 돈이 많이 들어가는 것

I had several money drains last year.
작년에 돈 들어갈 곳이 많았다.

This car has been a money drain for years.
이 차는 수년간 돈이 정말 많이 들었다.

That project is just a money drain.
그 프로젝트는 돈이 많이 들어가.

120 cost an arm and a leg 비용이 많이 들다

It cost an arm and a leg to get treated.
치료를 받느라 돈이 제법 많이 들어갔다.

It cost an arm and a leg to get my computer fixed.
컴퓨터를 수리하는 데 비용이 많이 들어갔다.

It was a great hotel, but it cost an arm and a leg.
멋진 호텔이었지만, 숙박비가 정말 많이 들었다.

DIALOGUE PRACTICE

A Wow, this is a nice jacket. I'm going to buy it!

B Are you sure? You've already **spent a lot of money** today.

A But it's on sale! I'll just **spend less** next month.

B **You should sleep on it**. You might regret it later.

A You think?

A 우와, 이 재킷 정말 예쁘다. 나 사야겠어!
B 정말? 오늘 이미 돈을 꽤 많이 썼잖아.
A 그런데 세일 중이잖아! 다음 달에 좀 덜 쓰지, 뭐.
B 하루 정도 시간을 두고 생각해 봐. 나중에 후회하게 될 수도 있어.
A 그래?

COMPOSITION PRACTICE

1 저축 통장을 하나 개설해 보지, 그래? (open an account)

2 카드값은 연체하지 않는 것이 좋아. (fall behind in payment)

3 이 취미는 돈이 너무 많이 들어. (money drain)

4 이 콘서트 표를 사는 데 비용이 정말 많이 들었다. (cost an arm and a leg)

ANSWERS
1. Why don't you **open a savings account**?
2. You should not **fall behind in payment** for your credit card bill.
3. This hobby is a **money drain**.
4. It **cost an arm and a leg** to get tickets for this concert.

CHAPTER 4

MUSIC

음악

RELATED QUESTIONS

주제별 스피치 향상을 위한 질문 모음

Try to answer the questions based on each topic.

DAY 41 TOPIC 음악 스트리밍 서비스

1 Talk about your favorite music genre. Why do you prefer that genre?
2 Talk about the music streaming service you use. What is good about that platform?
3 Talk about the songs that streaming services recommend based on their algorithms.

DAY 42 TOPIC 블루투스 이어폰

1 What are some advantages of wireless earphones? What are some disadvantages?
2 Do you prefer earphones or headphones? Explain your preference.
3 What are some devices that you wish could be wireless?

DAY 43 TOPIC 음악 취향

1 Who is your favorite singer? Why do you like that musician?
2 When you decide which music to listen to, what are some factors you consider?
3 What kind of effect does music have on you?

DAY 44 TOPIC K-pop 신(新)한류 이끈다

1 Why do you think Korean music is so popular all over the world?
2 What other aspects of Korean culture do you think could have global appeal?
3 Which K-pop song would you choose to introduce to a foreign friend? Explain why.

DAY 45 TOPIC 아이돌 그룹

1 What's your favorite boy band or girl group? Why do you like them so much?
2 Why do you think Korean music groups are gaining so much attention globally?
3 Do you think K-pop will be a lasting trend, or a passing fad overseas? Explain why.

DAY 46 TOPIC 트로트 열풍

1 What types of music do you usually listen to?
2 Why do you think trot music is so popular again?
3 Do you think trot music could have global appeal? Why or why not?

DAY 47 TOPIC 레트로 음악의 유행

1 Why do you think oldies from the 80s or 90s become popular again?
2 Do you think you will listen to today's hits 20 or 30 years from now? Why or why not?
3 Describe some retro fashion styles that are popular these days.

DAY 48 TOPIC 콘서트

1 Do you prefer concerts, or listening to recorded music? Explain your preference.
2 Describe various types of music concerts. How is each different from the others?
3 What are some other types of live performances people attend?

DAY 49 TOPIC 악기

1 Is there an instrument you would like to learn how to play? Why are you interested in it?
2 What are some common types of lessons people receive when they are young?
3 Is it possible to learn to plan an instrument at an old age? Why do you feel that way?

DAY 50 TOPIC 피아노

1 Why do you think the piano is one of the most commonly taught instruments?
2 What instrument would you like to learn? Why are you attracted to it?
3 What is the hardest part about learning how to play an instrument?

DAY
41

Music Streaming Services

음악 스트리밍 서비스

음원 41

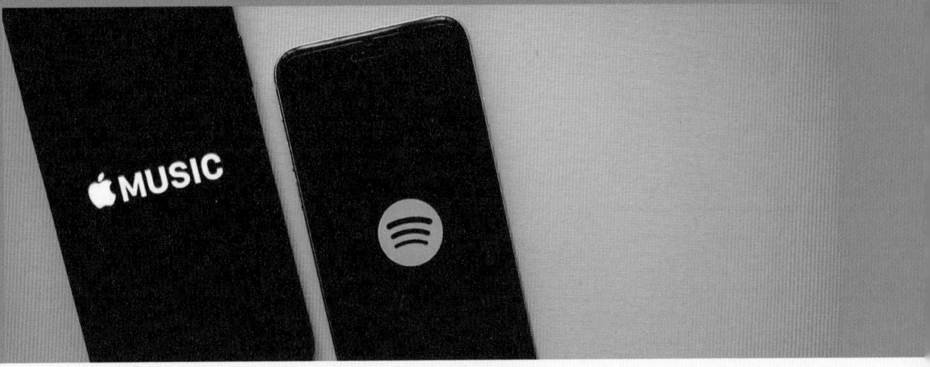

Today's TOPIC

41th

나는 출퇴근 중에 이동하며 음악을 듣는 것을 좋아한다. 그래서 스마트폰으로 음악을 스트리밍해서 듣는 최신 트렌드가 정말 마음에 든다. 스트리밍은 빠르고, 비용 면에서도 효율적이고, 기계에 능통하지 않아도 사용할 수 있다.

휴대 전화에 앱을 다운로드하고, 약간의 요금을 내면 방대한 음악 아카이브를 바로 사용할 수 있다. 좋은 음악을 듣는데 꼭 큰돈을 들여야 하는 것은 아니다.

예를 들어 카페에서 마음에 드는 새로운 곡을 들었다고 생각해 보자. 그 노래를 앱에서 바로 재생할 수 있다. 어떤 스트리밍 서비스는 무료 체험을 제공한다. 그래서 구매하기 전에 체험해 볼 수 있다. 월 정기 구독하는 것이 더 저렴하다. 또 앱에서 재생 목록을 원하는 대로 구성할 수도 있다.

SPEECH PRACTICE

I like to listen to music 121 on the go while commuting. This is why the latest trend of 122 streaming music on a smartphone excites me. It's quick, cost-efficient and you don't have to be tech-savvy to use it.

You download an application on your phone, pay a small fee, and you can get access to a huge music archive at your fingertips. It doesn't have to cost you an arm and a leg to play good tunes.

Let's say you hear a new track that tickles your fancy at a café. You can immediately play the song on your application. Some streaming services allow free trials. So, you can 123 give it a shot before making a purchase. It's cheaper if you get a monthly subscription. You can also customize playlists on the application.

KEY EXPRESSIONS

on the go 이동하며, 돌아다니며
latest trend 최신 트렌드
stream music 음악을 스트리밍해서 듣다
cost-efficient 비용 면에서 효과적인
tech-savvy 최신 기술에 능통한
get access to ~에 접속하다, 접근하다
at one's fingertips 바로 이용할 수 있는
cost an arm and a leg 큰 돈이 들다
tickle one's fancy 솔깃하게 만들다
free trial 무료 체험
give it a shot 시도해 보다
get a monthly subscription 월 구독제에 가입하다
customize 맞춤 제작하다, 원하는 대로 세팅하다
playlist 재생 목록

PATTERN
PRACTICE

121 on the go 이동하며, 돌아다니며

I like to listen to music on the go while commuting.
나는 출퇴근 중에 이동하며 음악을 듣는 것을 좋아한다.

He always seems to be on the go.
그는 항상 분주하게 여기저기 돌아다니는 것 같다.

I've been on the go all day without a break.
나는 쉬지도 못하고 온종일 돌아다녔다.

122 stream music 음악을 스트리밍해서 듣다

Streaming music on a smartphone excites me.
나는 스마트폰으로 음악을 스트리밍해서 듣는 것을 좋아한다.

Streaming music is easier than downloading MP3 files.
스트리밍으로 음악을 듣는 것이 MP3 파일을 다운로드하는 것보다 쉽다.

I stream music on my phone.
나는 휴대 전화로 음악을 스트리밍해서 듣는다.

123 give it a shot 시도해 보다

You can give it a shot before making a purchase.
구매하기 전에 먼저 한번 시도해 볼 수 있다.

I told him to give it a shot.
그에게 한번 시도해 보라고 이야기했어.

Why don't you give it a shot?
한번 시도해 보지 그러니?

DIALOGUE PRACTICE

A This song is **an oldie**!

B Oh! **That's my jam**!

A Why do you like this song so much?

B It **reminds me of** the good old days.

A Yeah, I have songs like that too, actually.

A 이 곡 옛날 노래다.
B 와! 내가 정말 좋아하는 곡이야.
A 왜 이 노래를 그렇게 좋아해?
B 좋았던 옛 추억이 생각나거든.
A 나에게도 그런 곡 있어.

COMPOSITION PRACTICE

1 나는 항상 돌아다니는 것이 싫어. (on the go)

2 나는 휴대 전화로 음악을 스트리밍해서 듣는 것을 선호한다. (stream music)

3 그 농담 맘에 들었어. (tickle one's fancy)

4 나는 그것을 한번 시도해 보고 싶어. (give it a shot)

ANSWERS
1. I don't like being **on the go** all the time.
2. I prefer to **stream music** on my phone.
3. That joke **tickled my fancy**.
4. I want to **give it a shot**.

DAY 42

Bluetooth Earphones

블루투스 이어폰

음원 42

Today's TOPIC

42th

요즘은 이어폰을 꽂고 다니는 사람의 절반이 블루투스 이어폰을 사용한다고 해도 과언이 아니다. 선을 꽂는 이어폰의 경우, 선이 자주 엉켜서 불편해하는 사람들이 많다. 더불어, 쓰다 보면 선이 닳아서 버려야 하는 경우도 있다.

반면 블루투스 이어폰은 선을 연결할 필요 없이 휴대 전화와 무선으로 연결할 수 있으므로 매우 편리하다. 한번 휴대 전화와 페어링을 해 놓으면, 자동으로 연결할 수 있다. 음악을 듣다가 이어폰으로 전화가 오면 곧장 통화할 수 있다.

유일한 단점은 이런 무선 제품은 매일 충전해야 한다는 것이다. 전지가 다 달면 사용할 수 없다. 하지만 그리 큰 문제는 아니다. 앞으로도 무선 블루투스 이어폰의 사용은 점점 늘어날 것이다.

SPEECH PRACTICE

It's not a stretch to say that half of the people that are 124 out and about with earphones on are using Bluetooth earphones. Wired earphones are a pet peeve for a lot of people because they get tangled up often. Also, the wires can 125 get worn out with use, so they have to be thrown away.

Bluetooth earphones, on the other hand, can be connected wirelessly to phones, eliminating the need for wires. This makes them very convenient. Once they are paired with a phone, they can connect automatically. When you receive a call while you're listening to music, you can immediately turn over to the call.

The only problem is that wireless products have to 126 be juiced up every day. You can't use them when the battery goes dead. Still, it's no big deal. I think the use of Bluetooth earphones will continue to increase.

KEY EXPRESSIONS

it's not a stretch to say
~이라 해도 과언이 아니다

out and about 돌아다니는

with earphones on 이어폰을 꽂은 채로

pet peeve 개인적으로 불쾌하게 하는 것

get tangled up 뒤엉키다

get worn out 닳다

connect wirelessly 무선으로 연결하다

eliminate the need for
~을 불필요하게 만들다

pair with ~와 (블루투스) 페어링을 하다

turn over to ~로 전환하다

juice up 충전하다

the battery goes dead 배터리가 방전되다

no big deal 대수롭지 않은 일

124 out and about 돌아다니는

A lot of people wear earphones when they are out and about.
많은 사람이 이어폰을 꽂은 채로 돌아다닌다.

I was out and about all weekend.
주말 내내 바깥에 돌아다녔다.

A lot of people were out and about even at night.
밤에도 많은 사람이 돌아다니고 있었다.

125 get worn out 닳다

The wires can get worn out with use.
사용하다 보면 전선이 닳을 수도 있다.

I wore those jeans until they got worn out.
그 청바지를 닳도록 입었다.

I replaced my tires because they got worn out.
타이어가 닳아서 교환했다.

126 juice up 충전하다

Wireless products have to be juiced up every day.
무선 제품은 매일 충전해야 된다.

I forgot to juice up my phone last night.
어젯밤에 깜빡하고 휴대 전화를 충전하지 않았다.

I couldn't listen to music because I hadn't juiced up my earphones.
이어폰을 충전하지 않아서 음악을 들을 수 없었다.

DIALOGUE PRACTICE

A Did you buy those earphones recently?

B Yeah, I got them last week. They're **Bluetooth earphones**.

A **I've been thinking about** getting a pair myself. Do you like them?

B **They have their ups and downs**.

A They sure **look fancy** though.

A 그 이어폰 최근에 산 거야?
B 응, 지난주에 샀어. 블루투스 이어폰이야.
A 나도 하나 장만해 볼까 생각 중인데. 마음에 들어?
B 일장일단이 있어.
A 정말 근사해 보이기는 한다.

COMPOSITION PRACTICE

1 나는 조금 늦었지만, 그리 큰 문제는 아니었다. (no big deal)

2 전기 자동차는 충전하는 데 시간이 제법 걸린다. (juice up)

3 나는 닳아버린 부품들을 교체했다. (get worn out)

4 나는 너무 큰 소리로 전화 통화하는 사람들을 개인적으로 매우 싫어해. (pet peeve)

ANSWERS
1. I was a little late, but it was **no big deal**.
2. It takes quite a while to **juice up** an electric car.
3. I replaced the parts that had **gotten worn out**.
4. People who talk too loudly on their phones are my **pet peeve**.

DAY
43

Taste in Music

음악 취향

음원 43

Today's TOPIC

43th

나는 몇 가지 다른 장르의 음악을 듣는다. 팝, 힙합, R&B 등을 가장 많이 듣는다. 사실 어떤 음악을 듣는지는 전부 내 기분에 달려있다. 종종 신나는 음악을 듣고 싶을 때가 있다. 이런 음악은 내 기분을 좋게 해준다. 나는 빠른 곡을 운동할 때도 듣는다. 운동이 덜 지루하게 느껴지고, 더 열심히 운동을 할 수 있게 동기를 부여한다.

반면, 느린 노래를 듣고 싶을 때도 있다. 이런 음악은 내가 하는 일에 집중을 더 잘 할 수 있게 도와준다. 그래서 일하거나 공부할 때 이러한 곡을 듣는다.

나는 주로 휴대 전화로 음악을 듣는다. 휴대 전화는 어디에나 들고 다니기 때문에, 장소에 구애받지 않고 음악을 들을 수 있다. 나는 이동 중에 음악을 자주 듣는다. 예를 들어, 지하철이나 버스에서 음악을 듣는다. 또한 차 안에서 운전할 때도 음악을 듣는다.

SPEECH PRACTICE

I listen to several different genres of music. I listen to pop, hip-hop and R&B most often. I guess it all depends on my mood. There are times when I 127 am in the mood for upbeat music. These songs make me feel better. I also listen to these fast songs when I am working out. They make the workout less boring and motivate me to exercise harder.

On the other hand, there are times when I prefer to listen to slow music. These songs help me concentrate on what I'm doing. So, I listen to those songs when I'm working or studying for something.

I usually listen to music on my cell phone. Since I 128 carry around my phone everywhere, I can listen to music 129 wherever I am. I often listen to music when I'm on the move. For example, I listen to music on the subway or the bus. I also listen to music in the car when I'm driving.

KEY EXPRESSIONS

genre of music 음악 장르
depend on one's mood ~의 기분에 달려 있다
be in the mood for ~할 기분이다
upbeat music 신나는 음악
make someone feel better ~의 기분을 더 좋게 해주다
work out 운동하다
workout 운동
exercise harder 더 열심히 운동하다
concentrate on ~에 집중하다
carry around 가지고 다니다
wherever I am 내가 어디 있든 간에
be on the move 이동 중에

127 be in the mood for ~할 기분이다

There are times when I am in the mood for upbeat music.
신나는 음악을 듣고 싶을 때가 있다.

I am in the mood for some wine.
나 와인이 조금 마시고 싶어.

They are in the mood for some fun.
그들은 조금 즐기고 싶어 하는 것 같아.

128 carry around 가지고 다니다

I carry around my phone everywhere.
나는 휴대 전화를 어디든 들고 다닌다.

I carry it around all the time.
나는 그것을 항상 들고 다닌다.

I don't have to carry around my wallet anymore.
나는 더 이상 지갑을 들고 다닐 필요가 없다.

129 wherever I am 내가 어디 있든 간에

I listen to music wherever I am.
나는 음악을 원할 때 어디서든 듣는다.

I can surf the internet wherever I am.
나는 원할 때 어디서든 인터넷 서핑을 할 수 있다.

I can watch movies on Netflix wherever I am.
나는 원할 때 어디서든 넷플릭스에서 영화를 볼 수 있다.

DIALOGUE PRACTICE

A What are you singing?

B Oh, was I singing? **I didn't even realize that.**

A I could definitely hear you sing.

B It's a song **I'm hooked on. I can't get it out of my head.**

A Do you want me to **turn it on**?

A 무슨 노래 부르는 거야?
B 내가 노래 불렀어? 그런지도 몰랐네.
A 네가 노래 부르는 것 분명히 들었어.
B 내가 지금 꽂힌 노래야. 계속 머릿속에서 맴돌아.
A 그 곡 틀어 줄까?

COMPOSITION PRACTICE

1 나는 항상 충전기를 들고 다닌다. (carry around)

2 나 아이스크림 먹고 싶어. (be in the mood for)

3 나는 이제 원할 때 어디서든 인터넷에서 물건을 살 수 있다. (wherever I am)

4 나 예전에 저 게임에 꽂혔던 적이 있어. (be hooked on)

ANSWERS
1. I always **carry around** my charger.
2. **I'm in the mood for** some ice cream.
3. I can now buy things online **wherever I am.**
4. I used to **be hooked on** that game.

DAY 44

K-pop Leads New Korean Pop Culture Wave K-pop 신(新)한류 이끈다

음원 44

Today's TOPIC

44th

지난 몇 년간 방탄소년단(BTS)은 '빌보드 핫100' 차트 1위를 여러 번 차지했다. 한국 곡이 이 차트에서 1위를 기록한 것은 처음 있는 일이었다. 한편, 몇 년 전 그룹 블랙핑크는 레이디 가가와 셀레나 고메즈와 같은 세계적인 가수들과 협업곡을 내어, 큰 호응을 얻기도 했다.

이제 K-pop은 아시아 시장을 넘어서, 전 세계적인 음악 장르라는 인식이 점점 강해지고 있다. 대표적인 예로, 글로벌 실물 음반 시장은 매년 역성장해 왔다. 반면, K-pop 실물 음반 판매량은 매년 증가하고 있다.

음악과 더불어, 한국 게임, 영화, 방송 드라마 등의 문화 콘텐츠가 꾸준한 성장세를 보이고 있다. 이런 콘텐츠가 신(新)한류 붐의 견인차 역할을 톡톡히 해내고 있다.

SPEECH PRACTICE

Over the years, BTS has had the distinction of taking the top spot on the Billboard Hot 100 chart many times. It was a first ever for Korean songs to top the list on that chart like that. Meanwhile, BLACKPINK 130 made waves by collaborating on songs a few years ago with world-renowned singers like Lady Gaga and Selena Gomez.

K-pop is now being seen more and more as a global music genre, going beyond just the Asian market. 131 Case in point, the global market for physical records has been shrinking every year. However, record sales of K-pop have increased each year.

Along with music, Korean cultural content like games, movies and TV shows are all growing steadily. They are 132 paving the way for a new Hallyu boom.

KEY EXPRESSIONS

over the years 지난 몇 년간
have the distinction of 영예를 차지하다
take the top spot 1위를 차지하다
top the list 1위를 차지하다
make waves 화제가 되다, 큰 호응을 얻다
world-renowned 세계적인 인지도가 있는
collaborate 협업하다
global music genre 세계적인 음악 장르
go beyond ~을 넘어서다
case in point 대표적인 예
record sales 음반 판매량
cultural content 문화 콘텐츠
grow steadily 꾸준히 증가하다
pave the way for 길을 닦다, 앞장서다

130 make waves 화제가 되다, 큰 호응을 얻다

BLACKPINK made waves by collaborating on songs with world-renowned singers.

그룹 블랙핑크는 세계적인 가수들과 협업곡을 내어, 큰 호응을 얻기도 했다.

The couple's wedding made waves in the news.

그들의 결혼식 소식이 뉴스에서 온통 화제였다.

The director made waves with her first movie.

그 감독은 첫 작품으로 큰 반향을 일으켰다.

131 case in point 대표적인 예

Case in point, the global market for physical records has been shrinking every year.

대표적인 예로, 글로벌 실물 음반 시장은 매년 역성장해 왔다.

This latest incident is a case in point.

최근의 사건도 대표적인 예라고 볼 수 있다.

The new trend on social media is a case in point of this.

SNS에서 볼 수 있는 새로운 트렌드가 그 대표적인 사례이다.

132 pave the way for 길을 닦다, 앞장서다

Cultural content is paving the way for a new Hallyu boom.

문화 콘텐츠가 신(新)한류 붐의 견인차 역할을 하고 있다.

The study paved the way for new advancements in cancer research.

그 연구가 암 연구 발전의 새로운 길을 열어 주었다.

I think that group paved the way for a lot of boy bands and girl groups.

그 그룹이 많은 아이돌 그룹의 선구자 역할을 했던 것 같아.

DIALOGUE PRACTICE

A Doesn't it feel like K-pop music is **hitting the mainstream** these days?

B Yes, it does. I think it's **building a fan base** all over the world.

A The **number of views** for Korean music videos are **off the charts**.

B That's right.

A It seems like K-pop's popularity is **giving rise to** a new Hallyu wave.

A K-pop이 전 세계 주류 음악으로 자리 잡은 것 같지 않아?
B 응. 맞아. 전 세계 팬덤이 점점 넓어지고 있는 것 같아.
A 한국 뮤직비디오 조회 수가 엄청나더라고.
B 맞아.
A K-pop의 인기가 새로운 한류 붐을 일으키는 것 같아.

COMPOSITION PRACTICE

1 그의 데뷔 앨범이 큰 호응을 얻어냈다. (make waves)

2 관계없는 일 같지만, 사실 아주 대표적인 예라고 볼 수 있어. (case in point)

3 한국 과학자들은 수많은 과학 발달의 초석을 마련했다. (pave the way for)

4 의사는 내 콜레스테롤 수치가 너무 높다고 말했다. (be off the charts)

ANSWERS
1. He **made waves** with his debut album.
2. It seems unrelated, but it's actually a **case in point**.
3. Korean scientists **paved the way for** many scientific advances.
4. The doctor said my cholesterol **was off the charts**.

DAY
45

음원 45

Boy Bands and Girl Groups

아이돌 그룹

Today's TOPIC

45th

나는 H.O.T., 젝스키스 등 1세대 아이돌을 보며 자랐다. 이제는 13살인 내 딸이 남자 아이돌 그룹에 빠져 있다. 틈만 나면 관련 기사를 찾아보고, 영상을 보는 것이 솔직히 달갑지는 않다. 하지만 아이의 마음을 짐작할 수도 있고, 아이와 대화하는 데에 좋은 주제가 될 것이라고 생각했다.

그래서 아이가 빠져 있는 아이돌 그룹에 대해 나도 알아보기로 했다. BTS 멤버들에 대해 배우고, 얼굴과 이름을 연결해서 외웠다. 또한 노래를 반복해서 열심히 들었다. 그런데 정작 아이는 이제 다른 그룹이 좋다고 한다. 투모로우바이투게더, 워너원이 좋다더니, 이제는 세븐틴이 좋다고 한다. 급변하는 아이의 관심사를 따라가기 너무 벅차다.

아무래도 나는 BTS 팬으로 남아야 할 것 같다. 아이가 엄마의 노력을 알아줬으면 좋겠다.

SPEECH PRACTICE

I grew up watching first generation boy bands like H.O.T. and Sechs Kies. Now, my 13-year-old daughter is deeply infatuated with boy bands. To be honest, I don't approve of her reading news articles and watching videos every chance she gets. But I can 133 understand where she is coming from, and I thought it would be a good conversation topic.

So, I decided to find out about the boy bands she is into. I learned the members of BTS, matching their names to their faces. I also listened to their songs on repeat. But now, my daughter says she prefers other groups. She followed TOMORROW X TOGETHER and Wanna One before, but now she says she likes Seventeen. Her interests 134 turn on a dime, so it's hard to 135 keep up.

I think I will have to remain a BTS fan. I hope my daughter will recognize her mom's efforts.

KEY EXPRESSIONS

deeply infatuated with ~에 푹 빠진
don't approve of
~을 달갑게 여기지 않다, 못마땅하게 생각하다
every chance someone gets
기회가 될 때마다
understand where someone is coming from 상황을 이해하다
conversation topic 대화 주제
be into ~에 심취하다
match someone's name to their faces
~를 기억하다
listen to a song on repeat
노래를 반복 재생으로 듣다
turn on a dime 급격히 방향을 바꾸다
keep up (추세를) 따라가다
recognize one's efforts
노력을 알아주다, 인정해 주다

133 understand where someone is coming from 상황을 이해하다

I can understand where she is coming from.
그녀의 마음을 짐작할 수 있다.

I really can't understand where he is coming from.
그가 왜 그러는지 도저히 이해하지 못하겠다.

Instead of arguing with her, try to understand where she is coming from.
그녀와 다투지만 말고, 그녀의 처지를 이해해 보려고 노력해 봐.

134 turn on a dime 급격히 방향을 바꾸다

Her interests turn on a dime.
그녀의 관심사가 급변한다.

People's opinions can turn on a dime.
사람들의 의견은 급격히 방향 전환을 하기도 한다.

Tastes in fashion seem to turn on a dime.
패션 취향은 급격히 변하는 것 같다.

135 keep up (추세를) 따라가다

It's hard to keep up.
따라가기가 힘들다.

I think it's getting harder to keep up.
따라가기가 점점 힘들어지는 것 같아.

We need to keep up with the latest trends.
우리는 최신 트렌드를 따라갈 필요가 있어.

DIALOGUE PRACTICE

A My daughter's room **is plastered with** posters of boy bands.

B It's the same with my daughter's room, too.

A I suppose they **are at that age**.

B Think about it. Weren't we **just the same** at that age?

A I suppose we were.

A 우리 딸 방에는 온통 남자 아이돌 그룹 포스터가 붙어 있어요.
B 저희 딸 방도 그래요.
A 한창 그럴 나이겠죠?
B 생각해 보세요. 우리도 그 나이에 그러지 않았어요?
A 하긴, 그랬던 것 같아요.

COMPOSITION PRACTICE

1 모두의 처지를 이해해 줄 필요는 없다. (understand where someone is coming from)

2 나의 음악 취향은 급변하는 경우가 가끔 있다. (turn on a dime)

3 부모들도 트렌드를 따라가려고 노력해야 한다. (keep up)

4 아들은 남자아이들이 여자아이들에게 관심을 가지기 시작하는 나이가 되었다. (be at that age)

ANSWERS 1. You don't have to **understand where everyone is coming from.**
2. My taste in music sometimes **turns on a dime.**
3. Parents must also try to **keep up** with the trends.
4. My son **is at that age** when boys start to be interested in girls.

DAY 46

Trot Music

트로트 열풍

음원 46

Today's TOPIC

46th

트로트는 한국 대중가요의 한 장르이다. 원래 트로트는 고령층에게 인기가 있던 음악이다. 그러나 최근에는 전 세대를 아울러 인기가 있다. 최근의 트로트 열풍은 1년 전 한 방송사의 트로트 경연 프로그램에서 시작되었다. 지금은 주요 방송사에 트로트 경연 프로그램이 하나씩은 다 있다.

트로트의 인기 비결은 한국인만의 애환과 정서를 표현한다는 점에 있다. 전통 트로트의 분위기와 가수의 창법이 대중의 마음을 끈다. 게다가 요즘에는 다양한 퍼포먼스도 가미되었다.

각종 잔치나 모임에서 흥을 돋우는 데에는 트로트 노래만 한 것이 없다. 지금의 트로트 열풍은 앞으로도 계속될 것으로 보인다.

SPEECH PRACTICE

Trot is a genre of Korean popular music. Originally, it was in favor with older generations. But recently, it is gaining traction among all generations. The recent trot craze 136 got off the ground with a trot talent show program on TV a year ago. Now, most major TV stations seem to have a similar trot talent show.

The 137 key to trot's success is that it gives voice to Korean people's emotions and sentiment. The mood of traditional trot and the vocal techniques of the singers speak to the public. Nowadays, various performance elements are also added to the mix.

Trot songs are just the thing to 138 lift the mood at various celebrations or gatherings. It looks like the popularity of trot music is here to stay.

KEY EXPRESSIONS

a genre of Korean popular music 한국 대중가요의 한 장르
be in favor with ~의 호응을 받다
gain traction 인기가 있다, 관심을 끌다
the recent trot craze 최근의 트로트 열풍
get off the ground 시작되다
talent show program 경연 대회 프로그램
major TV station 주요 방송사
key to something's success 성공의 비결
give voice to 대변하다, 표현하다
emotions and sentiment 감정과 정서
vocal techniques 창법, 노래 기교
speak to the public 대중에게 공감대를 형성하다
performance element 퍼포먼스 요소
add to the mix 요소를 가미하다
just the thing 딱 적합한 것
lift the mood 분위기를 띄우다
be here to stay 자리 잡다, 계속 유지될 것이다

136 get off the ground 시작되다

The recent trot craze got off the ground a year ago.
최근의 트로트 열풍은 1년 전에 시작되었다.

Our company really got off the ground thanks to this product.
우리 회사는 이 제품 덕분에 본격적으로 잘되기 시작했다.

It was a good idea, but it never really got off the ground.
괜찮은 아이디어였는데, 어쩌다 보니 정작 시도조차 되지 않았다.

137 the key to something's success 성공의 비결

The emotions expressed by trot music are the key to its success.
트로트의 인기 비결은 음악으로 표현이 되는 감정들에 있다.

I read a book about the key to the company's success.
나는 그 회사의 성공 비결에 관한 책을 읽어봤다.

An effective social media strategy was the key to the restaurant's success.
효과적인 SNS 전략이 그 음식점의 성공 비결 중 하나였다.

138 lift the mood 분위기를 띄우다

Trot songs are great for lifting the mood at various celebrations.
각종 잔치에서 흥을 돋우는 데에는 트로트 노래만 한 것이 없다.

I tried to lift the mood, but it wasn't easy.
내가 분위기를 띄워 보려고 했지만, 쉽지 않았다.

The smell of delicious food lifted the mood.
맛있는 음식 냄새 덕분에 분위기가 밝아졌다.

DIALOGUE PRACTICE

A Do you like trot music?

B I **can't get enough of** it.

A In the past, we used to belt out those songs when we went to a karaoke.

B Yeah. But these days, they're **the hottest thing**.

A I think it's because of the trot **talent shows**.

A 트로트 좋아하니?
B 아무리 들어도 질리지 않지.
A 예전에 노래방에서 주로 부르던 노래인데.
B 맞아. 그런데 최근에는 완전히 대세잖아.
A 트로트 경연 대회 방송 때문인 것 같아.

COMPOSITION PRACTICE

1 마침내 프로젝트가 본격적으로 시작되었다. (get off the ground)

2 나는 분위기를 띄워 보려고 음악을 틀었다. (lift the mood)

3 나는 샤워하면서 목청껏 노래를 부르는 것을 좋아한다. (belt out a song)

4 올겨울에는 이 색상이 엄청나게 유행이다. (the hottest thing)

ANSWERS
1. The project finally **got off the ground**.
2. I turned on some music to **lift the mood**.
3. I like to **belt out a song** when I take a shower.
4. This color is **the hottest thing** this winter.

DAY 47

The Rise of Retro Music

레트로 음악의 유행

음원 47

Today's TOPIC

47th

최근 '레트로 트렌드'라는 이름 아래, 복고풍 노래가 한국 가요계에 유행이다. 90년대 유행했던 곡이 다시 리메이크되고 있다. 이는 단순 유행을 넘어서, 더욱 자연스럽고 순수한 본질을 추구하는 인간 본성에서 비롯된 것이 아닐까 개인적으로 생각한다.

나도 요즘에 듀스나 서태지와 같은 90년대의 음악을 자주 듣는다. 내가 그 시대에 청소년기를 보냈기 때문이라는 이유도 있다. 노래를 들으면, 그 시절 향수에 젖게 된다. 다른 이유는 90년대 음악은 그 시절 나름의 풋풋하고 순수한 문화가 녹아 있기 때문이 아닐까 싶다.

90년대 대중가수들은 음악을 정말 사랑하고, 그 열정과 노력으로 가수가 되고 작곡가가 되었다. 그래서 그들의 음악은 아직까지 우리에게 감흥을 주고, 질리지 않는 것 같다.

SPEECH PRACTICE

Retro-style songs are in these days in the Korean music industry, which is a part of a so-called 'retro trend.' Artists are 139 covering songs that were hits from the 90s. This is more than just a passing fad. Personally, I think it comes from a basic human desire to find something natural and pure.

I myself listen to a lot of 90s music like Deux or Seo Taiji these days. One reason is that I spent my youth during that time. The songs make me 140 feel nostalgic. But I think another reason is that 90s music has a culture of its own, that is naive and pure.

Pop stars in the 90s truly loved music. They became singers and composers based on that passion, and with a lot of 141 elbow grease. That's why their music still has the power to move us, and it hasn't gotten old.

KEY EXPRESSIONS

be in 유행하다
so-called 이른바, 소위 ~라고 부르는
cover a song 노래를 리메이크하다
a passing fad 지나가는 유행
basic human desire 인간 본성의 욕구
90s music 90년대 음악
spend one's youth 성장기를 보내다
feel nostalgic 향수에 젖다
have a culture of its own 자체적인 문화가 있다
naive and pure 풋풋하고 순수한
elbow grease 꾸준한 노력
the power to move someone 감동을 주는 힘
get old 질리다

139 cover a song 노래를 리메이크하다

Artists are covering songs that were hits in the 90s.
90년대 유행했던 곡이 다시 리메이크되고 있다.

They added something new when they covered the song.
그들은 그 노래를 리메이크하면서 뭔가 새로운 요소를 추가했어.

My favorite singer covered a song that I used to like when I was a kid.
내가 가장 좋아하는 가수가 내가 어렸을 때 좋아했던 노래를 리메이크했다.

140 feel nostalgic 향수에 젖다

Retro-style songs make me feel nostalgic.
복고풍 노래를 들으면 향수에 젖게 된다.

I often feel nostalgic when I come here.
나는 이곳에 오면 향수에 젖는 경우가 많아.

We felt nostalgic as we got drunk and talked about the past.
우리는 술에 취해 옛날이야기를 하며 향수에 젖었다.

141 elbow grease 꾸준한 노력

They became singers and composers with a lot of elbow grease.
그들은 꾸준한 노력을 통해 가수나 작곡가가 되었다.

I succeeded with nothing but elbow grease.
나는 가진 것도 없이 꾸준한 노력만으로 성공했어.

All you need to fix it is a little elbow grease.
조금만 고생하면 어렵지 않게 고칠 수 있어.

DIALOGUE PRACTICE

A I **can't get enough of** the covers of 90s hits these days.

B I listen to them a lot, too.

A They **bring back old memories**. It's great.

B That's right. 90s songs can **feel cheesy**, but they're earnest and passionate.

A Yeah, they **have a different vibe** compared to more recent hits.

A 요즘 90년대 유행했던 리메이크곡들 계속 들어도 정말 좋아.
B 나도 자주 들어.
A 옛 추억도 떠오르고, 정말 좋아.
B 맞아. 90년대 곡들이 어딘가 모르게 촌스럽지만, 순수성과 열정이 느껴져.
A 응. 요즘 최신곡들과는 분위기가 아주 다르지.

COMPOSITION PRACTICE

1 내가 가장 좋아하는 가수가 이 곡을 리메이크했는데, 난 그 버전이 더 좋아. (cover a song)

2 나는 가을에는 자주 옛 생각에 젖곤 한다. (feel nostalgic)

3 그런 종류의 특수 효과가 지금은 촌스럽게 보이지만, 그 당시에는 획기적이었다. (feel cheesy)

4 그들의 새 앨범은 느낌이 좀 다르긴 한데, 그래도 여전히 정말 좋아. (have a different vibe)

ANSWERS 1. My favorite singer **covered this song**, and I like that version even better.
2. I often **feel nostalgic** in fall.
3. Those types of special effects **feel cheesy** now, but they were revolutionary back then.
4. Their new album **has a different vibe**, but it's still really good.

DAY 48

Concerts

콘서트

음원 48

Today's TOPIC

48th

우리나라의 공연 문화는 몰라보게 발전했다. 연간 수많은 콘서트가 개최된다. 인지도가 높은 가수들이 공연하면 표가 금방 매진된다. 특히 아이돌 그룹의 콘서트는 표를 구하는 것 자체가 쉽지 않다.

더불어, 해외에서 유명한 가수나 밴드가 내한 공연을 하는 일도 점점 늘어나고 있다. 한국 음악 시장은 꽤 크기 때문에, 이런 공연은 앞으로도 꾸준히 증가할 것으로 예상된다.

몇 년 전에 유명한 해외 가수가 한국에 와서 공연한다는 소식을 접하게 되었다. 콘서트 한 달 전에 표 판매가 시작되었다. 나는 놓치지 않고 첫날에 표를 구했다. 가장 좋은 좌석도 아니었지만, 푯값이 상당히 비쌌다. 공연장은 인파로 가득했다. 전 좌석이 매진되었다. 정말 내 인생 최고의 공연이었다.

SPEECH PRACTICE

Performances in Korea have grown beyond recognition. Many concerts are held throughout the year. When 142 hot-ticket singers hold concerts, the tickets sell out in no time. 143 Scoring tickets for concerts by boy bands and girl groups can be a tall order.

Also it's becoming increasingly common for famous bands or singers to visit Korea from overseas. Korea's music market is quite large, so it's safe to assume that these performances will be held even more often.

A few years ago, I received word that a famous singer from abroad would perform in Korea. Tickets went on sale a month before the concert. I made my move, and got tickets on the first day. The seats were nothing to write home about, but the tickets still cost a fortune. The concert venue was packed with people. Every last seat 144 was sold out. It was the best concert of my life.

KEY EXPRESSIONS

beyond recognition 몰라보게
throughout the year 연중으로
hot-ticket 인기 있는
sell out 매진되다
in no time 순식간에
score tickets (어렵게) 표를 구하다
boy band/girl group 아이돌 그룹
a tall order 어려운 일
become increasingly common 흔해지다
it's safe to assume ~일 가능성이 크다
receive word 소식을 듣다
make one's move 신속하게 행동을 취하다
nothing to write home about 특별하지 않은 것
cost a fortune 비용이 많이 들다
listen to something on repeat 반복해서 듣다
concert venue 공연장
packed with people 사람들로 가득 찬
every last seat 한 좌석도 빠짐없이
be sold out 매진되다

PATTERN
PRACTICE

142 hot-ticket 인기 있는

When hot-ticket singers hold concerts, the tickets sell out quickly.

인지도가 높은 가수들이 공연하면 표가 금방 매진된다.

That place is a hot-ticket restaurant these days.

그곳은 요즘 인기가 정말 많은 맛집이야.

He's one of the biggest hot-ticket actors in Korea.

그는 한국에서 최고 인기 배우 중 한 사람이야.

143 score tickets (어렵게) 표를 구하다

Scoring tickets can be difficult.

표를 구하기 쉽지 않은 경우도 있다.

I tried to score tickets, but I was too late.

표를 구하려고 해 봤지만, 너무 늦었다.

How did you score tickets for that concert?

그 공연 표는 도대체 어떻게 구한 거야?

144 be sold out 매진되다

Every last seat was sold out.

전 좌석이 매진되었다.

Tickets for the game were sold out.

그 경기 티켓은 전 좌석이 매진되었다.

I heard that the concert tickets were sold out.

그 콘서트 표가 모두 매진되었다고 들었어.

DIALOGUE PRACTICE

A I got tickets from the ticket booth.

B That's great! I thought they might **be sold out**.

A I'm glad **we got here so early**. I got standing room seats.

B **Let's find a good spot**.

A **Let's get a move on**.

A 티켓 창구에서 표를 구했어.
B 너무 잘됐다! 다 매진됐을지도 모르겠다고 생각했는데.
A 일찍 오기를 잘했네. 스탠딩석으로 샀어.
B 좋은 자리 찾아 보자.
A 얼른 서두르자.

COMPOSITION PRACTICE

1 그녀는 알아보지 못할 정도로 메이크업을 진하게 하고 있었어. (beyond recognition)

2 이번 시즌에는 이 팔찌가 인기 아이템이야. (hot-ticket)

3 그 리조트는 그리 특별한 것도 없었어. (nothing to write home about)

4 우리 서둘러야 할 것 같아. (get a move on)

ANSWERS
1. She was wearing so much makeup that she was **beyond recognition**.
2. This bracelet is a **hot-ticket** item this season.
3. The resort was **nothing to write home about**.
4. I think we need to **get a move on**.

DAY 49

Musical Instruments

악기

음원 49

Today's TOPIC

49th

요즘 많은 사람이 취미가 있는 라이프스타일을 추구한다. 그래서 적어도 악기 한 가지는 배워야 한다는 말이 생겼을 정도이다. 사실 많은 사람이 음악과 악기에 관심을 가지고 있다. 음악은 감성을 풍부하게 해 주고 삶을 풍요롭게 해 준다.

나는 어렸을 때부터 악기를 배웠다. 초등학교 때는 피아노 레슨을 받았다. 나는 대략 6년 정도 피아노를 배웠다. 지금은 시간이 많이 지나서, 피아노 건반을 잘 치지 못한다. 그렇지만, 어린 나이에 악보를 보는 법을 배워서, 성격 발달에도 좋았던 것 같다.

성인이 되어 다시 악기를 제대로 배우고 싶다는 생각이 들었다. 그래서 몇 년 전부터 클래식 기타를 배우고 있다. 근처 음악 학원에 가서 레슨을 받고 집에서도 틈틈이 연습한다. 원하는 곡을 이제 제법 잘 칠 수 되었다.

SPEECH PRACTICE

Many people these days seek a lifestyle with room for a hobby. So it is often said that a person should learn at least one musical instrument. In fact, many are taking an active interest in music and instruments. Music boosts our finer feelings and 145 enriches our lives.

I have 146 taken music lessons since I was young. In grade school, I used to take piano lessons. I learned the piano for about six years. So much time has passed that I'm not very good at tickling the ivories any more. But I learned how to read music when I was young and I think it helped me develop character.

As an adult, I wanted to learn how to play an instrument again. I have been learning to play the classical guitar since a few years ago. I take lessons at a nearby music school. I also practice at home 147 every chance I get. I can play the songs I want pretty well now.

KEY EXPRESSIONS

with room for ~의 여유가 있는
musical instrument 악기
take an active interest 적극적으로 관심을 갖다
boost one's finer feelings 감성을 풍부하게 해주다
enrich one's life 삶을 풍요롭게 해 주다
take music lessons 음악 레슨을 받다
take piano lessons 피아노 레슨을 받다
tickle the ivories 건반을 치다
read music 악보를 읽다
develop character 인성을 키우다
play an instrument 악기를 연주하다
music school 음악 학원
every chance someone gets 기회가 될 때마다

145 enrich someone's life 삶을 풍요롭게 해 주다

Music enriches our lives.
음악은 삶을 풍요롭게 해 준다.

Our son has really enriched our lives.
아들 덕분에 우리 삶이 아주 풍요로워졌다.

I didn't know a single book could enrich my life so much.
단 한 권의 책이 삶을 이토록 풍요롭게 해 줄 수 있는 줄 몰랐다.

146 take music lessons 음악 레슨을 받다

I have taken music lessons since I was young.
나는 어렸을 때부터 음악 레슨을 받았다.

I regret not taking music lessons when I was young.
나는 어릴 때 음악 강습을 받지 않은 것을 후회한다.

Taking music lessons can be beneficial for children.
음악 강습을 받는 것은 아이들에게 유익할 수 있다.

147 every chance someone gets 기회가 될 때마다

I practice at home every chance I get.
집에서 틈틈이 기회가 있을 때마다 연습한다.

We meet every chance we get.
우리는 기회가 될 때마다 만난다.

I carry a book around so that I can read every chance I get.
짬짬이 독서하려고 항상 책을 휴대한다.

DIALOGUE PRACTICE

A Wow, I didn't know you are such a **whiz at** the piano!

B I'm not that good. I just began learning when I was young.

A No, I **mean it**. You really **know what you're doing**!

B Do you know how to **play any instruments**?

A Me? I play the electric guitar. I was in a band **back in college**.

A 우와! 너 피아노 그렇게 잘 치는지 몰랐네!
B 잘 못 쳐! 그냥 어렸을 때부터 배워서 그래.
A 아니, 진짜야. 완전히 수준급이던데!
B 넌 다룰 줄 아는 악기 없어?
A 나? 전자 기타 칠 줄 알아. 대학교 때 밴드에서 활동했어.

COMPOSITION PRACTICE

1 잘 만든 영화는 우리 삶을 풍요롭게 해 주기도 한다. (enrich someone's a life)

2 나는 우리 아이들이 음악 강습을 받았으면 한다. (take music lessons)

3 기회가 있을 때마다 연습하는 것이 좋아. (every chance someone gets)

4 나는 대학교 때 기타 레슨을 받았어. (back in college)

ANSWERS 1. Well-made movies can **enrich our lives.**
2. I would like our kids to **take music lessons.**
3. You should practice **every chance you get.**
4. I took guitar lessons **back in college.**

DAY 50

Pianos

피아노

음원 50

Today's TOPIC

50th

피아노에는 그랜드 피아노와 업라이트 피아노가 있다. 그랜드 피아노는 크기가 커서 주로 콘서트홀에서 볼 수 있다. 업라이트 피아노는 크기가 작아서 가정에서 많이 사용한다.

최근에는 기존의 어쿠스틱 피아노 대신, 디지털 피아노가 많은 인기를 얻고 있다. 이런 전자 피아노의 장점으로는 첫째, 크기가 작아서, 자리를 덜 차지한다는 점이 있다. 둘째, 볼륨을 조절할 수 있고, 헤드폰에 연결할 수 있으며, 밤에도 연습할 수 있다. 셋째, 전자 기기와 연결하여 음악을 편집하고 녹음할 수도 있다.

반면에, 어쿠스틱 피아노는 부피가 크고, 주기적인 관리를 해야 하는 단점이 있다. 하지만 피아노 본연의 음색과 분위기를 느낄 수 있다.

SPEECH PRACTICE

Pianos include grand pianos and upright pianos. Grand pianos are very big, so you mostly see them at concert halls. Upright pianos are smaller in size, so they are often used 148 in the home.

Meanwhile, digital pianos are 149 picking up steam as a replacement for acoustic pianos these days. Digital pianos have a lot of advantages. They are smaller, so they take up less space. You can adjust the volume and plug in headphones, so you can practice at night as well. Plus, you can 150 hook them up to electronic devices to edit and record music.

Acoustic pianos are unwieldy, and they need regular maintenance. But on the plus side, they offer a piano's true tone and feel.

KEY EXPRESSIONS

grand piano 그랜드 피아노
upright piano 업라이트 피아노
digital piano 디지털 피아노
in the home 일반 가정에
pick up steam 가속이 붙다, 인기를 얻다
a replacement for 대용/대체하는 것
acoustic piano 어쿠스틱 피아노
have a lot of advantages 장점이 많다
take up less space 공간을 덜 차지하다
adjust the volume 음량을 조절하다
plug in headphones 헤드폰을 꼽다
hook something up to (전자 기기 등을) ~에 연결하다
unwieldy 부피가 큰
regular maintenance 주기적인 관리
on the plus side 장점으로

148 in the home 일반 가정에서

Upright pianos are smaller, so they are often used in the home.

업라이트 피아노는 크기가 더 작아서 가정에서 많이 사용한다.

It's too expensive to use in the home.

그것을 일반 가정에서 사용하기에는 너무 비싸.

It's more common to see dishwashers in the home these days.

요즘은 일반 가정에서도 식기세척기를 흔히 볼 수 있다.

149 pick up steam 가속이 붙다, 인기를 얻다

These days, digital pianos are picking up steam.

최근 디지털 피아노가 많은 인기를 얻고 있다.

The band really picked up steam with their second album.

그 밴드는 2집 앨범부터 본격적으로 인기를 얻기 시작했다.

The project is finally picking up steam.

프로젝트가 인제야 풀리고 있어.

150 hook something up to (전자 기기 등을) ~에 연결하다

You can hook digital pianos up to electronic devices.

디지털 피아노는 전자 기기에 연결할 수 있다.

It's really easy to hook these earphones up to a phone.

이 이어폰은 휴대 전화에 연결하기가 아주 쉬워.

I hooked my phone up to the car audio via Bluetooth.

휴대 전화를 블루투스로 자동차 오디오에 연결했다.

DIALOGUE PRACTICE

A Do your kids **go to piano lessons**?

B Yes. My eldest daughter has been **taking lessons** for 4 years already.

A I see. Do you have a piano at home?

B A proper piano **takes up too much room**, so we got an electric piano.

A Do your children use it to practice at home?

A 아이들 피아노 학원 다니지?
B 응. 큰 딸은 벌써 4년째 다녀.
A 그렇구나. 집에 피아노는 있어?
B 정식 피아노는 자리를 너무 많이 차지해서, 전자 피아노를 사 줬어.
A 그럼 아이들이 집에서 그것으로 연습하는 거야?

COMPOSITION PRACTICE

1 그 기술은 서서히 본격적으로 활용되고 있는 것 같아. (pick up steam)

2 노트북을 프로젝터에 어떻게 연결하는 것인지 알려 줄 수 있니? (hook something up to)

3 소파는 공간을 너무 많이 차지할 것이다. (take up too much room)

4 동호회에 가입하면 장점이 아주 많아. (have a lot of advantages)

ANSWERS
1. I think that technology is **picking up steam.**
2. Can you show me how to **hook my laptop up to** the screen projector?
3. A sofa would **take up too much room.**
4. Joining a club **has a lot of advantages.**

CHAPTER 5

MOVIE

영화

RELATED QUESTIONS

주제별 스피치 향상을 위한 질문 모음

Try to answer the questions based on each topic.

DAY 51 TOPIC 영화 관람

1 What was the last movie you saw? Was it good or bad? What was it about?
2 Talk about a movie that you thought was the best. What was so special about it?
3 Describe your favorite movie star. Why do you like him or her?

DAY 52 TOPIC 영화 장르

1 What are your favorite movie genres? Why do you like them?
2 What are the most popular movie genres? Why are they so popular?
3 If you could direct a movie, what genre would it be? Explain.

DAY 53 TOPIC 액션 히어로

1 Do you enjoy action hero movies? Why or why not?
2 Who is your favorite action hero? Why do you like that character?
3 If you could have one superpower, what would it be?

DAY 54 TOPIC 한국 영화

1 What is your favorite Korean movie? What do you like about it?
2 How are Korean movies different from Hollywood movies?
3 Discuss how Korean movies might find even greater success in other countries.

DAY 55 TOPIC 영화 〈기생충〉 아카데미 수상

1 Which of *Parasite*'s Academy Awards do you think was the most meaningful? Why?
2 What other Korean movies do you think deserve international recognition? Explain why.
3 What makes *Parasite* different from earlier international films at the Academy Awards?

DAY 56 TOPIC 집에서 영화 관람

1 How is watching a movie at home different from going to a theater? Which do you prefer?
2 Talk about the last time you watched a movie at home. What service did you use?
3 What is your favorite way to watch a movie?

DAY 57 TOPIC 영화관

1 Which theater chain do you most often go to? Why do you like that chain?
2 Talk about the last time you went to a theater. What kind of seats did you get?
3 Talk about how you get tickets for movies.

DAY 58 TOPIC 영화표 가격

1 Do you think movie tickets in Korea are cheap or expensive? Why do you think so?
2 Would you pay extra to see a 3D movie, or a movie on a bigger screen?
3 What are some ways to get discounts on movie tickets?

DAY 59 TOPIC 영화 간식

1 What is your favorite snack at the movie theater?
2 What is your favorite flavor when it comes to popcorn?
3 What is your favorite drink when you watch a movie?

DAY 60 TOPIC 자동차 극장

1 What are the pros and cons of drive-in theaters compared to ordinary theaters?
2 Have you ever been to a drive-in theater? Why or why not?
3 What are some reasons people go to drive-in theaters?

DAY 51

Watching Movies

영화 관람

음원 51

Today's TOPIC

51th

영화에 있어서 나는 그다지 까다로운 편이 아니어서, 재미있으면 무엇이든지 다 본다. 좋아하지 않는 장르가 있다면, 공포 영화, 공상 과학 영화, 슈퍼히어로 영화이다.

또한, 나는 한국 영화를 즐겨 본다. 한국 영화는 예전에 비해서 정말 많이 좋아졌다. 흥행 성적도 갈아치우고 있다. 더불어, 일부 한국 영화는 해외에서도 개봉된다. 일부는 큰 영화제에서 상을 받기도 한다.

한국 영화 산업은 한국에서 성장 속도가 가장 빠른 산업 중의 하나이다. 영화를 보러 가는 것은 보편적인 문화생활 중 하나이다. 한국 영화 산업은 경제에도 여러 가지 혜택을 가져온다. 고용 창출 효과도 있고, 자금 순환이 되게 하는 역할을 한다.

SPEECH PRACTICE

I am not that picky with movies, so I just watch 151 whatever is fun. The only types of movies I do not like are horror movies, sci-fi movies, and superhero movies.

Plus, I enjoy watching Korean movies. Korean movies have become a lot better than in the past. They are 152 breaking the record at the box office. Also, some Korean movies are released overseas. Some are even winning awards at big film festivals.

The movie industry is one of the fastest growing industries in Korea. Going to the movies is a popular form of entertainment. The movie industry 153 brings a lot of benefits for the economy. It creates a lot of jobs and keeps the money flowing.

KEY EXPRESSIONS

picky 까다로운
whatever is fun 재미있으면 뭐든지
horror movie 공포 영화
sci-fi movie 공상 과학 영화
superhero movie 슈퍼히어로 영화
break the record 기록을 갈아치우다
at the box office 매표소에서
be released overseas 해외에서 개봉되다
win awards 상을 받다
movie industry 영화 산업
a popular form of 보편적인 형태 중 하나
entertainment 문화생활
bring a lot of benefits 여러 혜택을 가져오다
create a lot of jobs 많은 고용 창출을 하다
keep the money flowing 자금 순환이 이루어지게 하다

151 whatever is fun 재미있으면 뭐든지

I just watch whatever is fun.
나는 재미있으면 뭐든지 본다.

Let's just watch whatever is fun.
재미있는 것 아무거나 보자.

When it comes to video clips, I just click on whatever is fun.
동영상에 있어서, 나는 재미있는 것은 무엇이든 클릭해 본다.

152 break the record 기록을 갈아치우다

Korean movies are breaking the record at the box office.
한국 영화들이 흥행 성적 기록을 갈아치우고 있다.

Sales numbers broke the record last quarter.
매출 수치가 지난 분기에 기록을 경신했다.

Do you think he can break the record?
그가 기록을 깰 수 있다고 생각하니?

153 bring a lot of benefits 여러 혜택을 가져오다

The movie industry brings a lot of benefits for the economy.
영화 산업은 경제에 여러 혜택을 가져온다.

The new policy brings a lot of benefits for working class families.
새로운 정책은 서민층 가정에 많은 혜택을 가져다준다.

I do not think it brings a lot of benefits.
그것이 여러 혜택을 가져온다고 생각하지 않는다.

DIALOGUE PRACTICE

A Did you see that movie?

B Not yet! Is it any good?

A It was **a huge box-office hit**.

B Maybe I should **check it out**.

A You should. More than 10 million tickets were sold in Korea.

A 저 영화 봤어?
B 아니 아직. 재미있니?
A 엄청난 흥행 성공을 거둔 영화야.
B 우와! 나도 그럼 한번 봐야겠다.
A 한국에서만 1천만 장 이상의 표가 팔렸어.

COMPOSITION PRACTICE

1 나는 그들에게 무엇이든지 재미있는 것을 하라고 조언한다. (whatever is fun)

2 그는 기록을 몇 번이나 갈아치웠다. (break the record)

3 새로운 정책이 아이들에게 많은 혜택을 가져다준다. (bring a lot of benefits)

4 신규 고용을 많이 창출하지 않는 한, 실업률은 내려가지 않을 것이다. (create a lot of jobs)

ANSWERS
1. I advise them to do **whatever is fun.**
2. He **broke the record** several times.
3. The new policy **brings a lot of benefits** for children.
4. The unemployment rate will not go down unless we **create a lot of jobs.**

DAY
52

Movie Genres

영화 장르

강의 52

Today's TOPIC

52th

사람마다 좋아하는 영화 장르는 제각각이다. 멜로물을 좋아하는 사람은 남녀 간의 사랑이나 가족 간의 사랑을 그리는 따뜻한 영화를 선호한다. 신나는 영화를 좋아하는 사람은 액션 영화나 공상 과학 영화를 좋아한다. 그들은 박진감 넘치는 액션 장면에 쾌감을 느낀다.

가벼운 영화를 좋아하는 사람은 주로 코미디물을 본다. 그들은 그냥 웃고 즐기며 기분 전환할 수 있다. 공포 영화에 대한 호불호는 매우 뚜렷이 갈린다. 좋아하는 사람은 매우 즐기지만, 그렇지 않은 사람은 공포 영화를 극도로 싫어한다.

이처럼 다양한 영화가 있기 때문에 사람들은 본인의 입맛에 맞는 영화를 골라서 볼 수 있다.

SPEECH PRACTICE

Everyone has their own personal favorite movie genre. People who like melodrama prefer 154 heartwarming movies about love between men and women, or among family. People who like exciting movies enjoy action flicks or sci-fi films. They feel exhilarated by the thrilling action sequences.

People who like light-hearted movies mostly watch comedies. They can experience 155 a change of pace by simply laughing and enjoying a movie. Opinions are sharply divided for horror movies. People who like them really enjoy horror movies, but people who don't will avoid them at all costs.

Because there are so many diverse movie genres, people can choose the ones that 156 suit their tastes.

KEY EXPRESSIONS

personal favorite 개인적으로 가장 선호하는
movie genre 영화 장르
melodrama 멜로물
heartwarming 감동적인
action flick 액션 영화
sci-fi film 공상 과학 영화
feel exhilarated 쾌감을 느끼다
action sequence 액션 장면
light-hearted 가벼운 느낌의
a change of pace 기분 전환
opinions are sharply divided 호불호가 극명히 나뉘다
avoid something at all costs 어떻게든 피하다
suit one's taste(s) ~의 취향에 맞다

154 heartwarming 감동적인, 마음이 따뜻해지는

Some people like heartwarming movies.
어떤 사람들은 마음이 따뜻해지는 감동적인 영화를 좋아한다.

She gave me a heartwarming book as a gift.
그녀는 내게 감동적인 책을 선물했다.

The story was so heartwarming that it made me cry.
이야기가 너무 감동적이어서 나는 울고 말았다.

155 a change of pace 기분 전환

People can experience a change of pace by simply laughing and enjoying a movie.
사람들은 웃으며 영화를 즐기며 기분 전환할 수 있다.

I went for a walk for a change of pace.
기분 전환을 위해 산책을 했다.

When she needs a change of pace, she likes to travel.
그녀는 기분 전환이 필요할 때 여행을 즐긴다.

156 suit one's taste(s) ~의 취향에 맞다

People can choose the movies that suit their tastes.
사람들은 각자 취향에 맞는 영화를 선택할 수 있다.

If you don't like spicy food, this restaurant won't suit your taste.
매운 음식을 좋아하지 않는다면 이 음식점은 네 취향에 맞지 않을 것이야.

People shop at different stores depending on what suits their tastes.
사람들은 각자 취향에 맞춰 서로 다른 상점에서 쇼핑한다.

DIALOGUE PRACTICE

A Did you watch that movie I told you about?

B Yes, I did. It was great!

A **I'm glad you liked it**.

B It was really fun. **I was glued to my seat**.

A I actually **couldn't stop my tears** at the end.

A 내가 말한 그 영화 봤어?
B 응 봤어. 정말 재미있었어!
A 좋았다니 다행이네.
B 응. 정말 흥미롭게 봤어. 앉은 자리에서 다 봤어.
A 실은 마지막에 나도 모르게 눈물이 났어.

COMPOSITION PRACTICE

1 이 영화가 네 취향에 맞지 않으면 다른 것을 고를 수 있어. (suit one's taste)

2 기분 전환이 필요할 때는 음악을 듣는다. (a change of pace)

3 나는 어두운 영화보다는 가벼운 느낌의 영화를 더 좋아한다. (light-hearted)

4 나는 감동적인 이야기를 듣고 기분이 좋아졌다. (heartwarming)

ANSWERS
1. If this movie doesn't **suit your taste**, we can pick another one.
2. I listen to music when I want **a change of pace**.
3. I prefer **light-hearted** movies, rather than dark ones.
4. I felt better after I heard the **heartwarming** story.

DAY
53

Action Heroes

액션 히어로

음원 53

Today's TOPIC

53th

내가 가장 좋아하는 액션 히어로는 캡틴 아메리카이다. 그는 힘이 매우 세고, 좋은 영감을 준다. 외모도 출중하고, 마음이 선하다. 그리고 리더십 스킬도 뛰어나다. 마지막에 그가 악당들을 다 물리치는 모습이 정말 마음에 든다. 그가 허구의 인물인 것을 알지만, 실존하는 인물이었으면 정말 좋겠다. 그가 세상을 더 살기 좋은 곳으로 만들 것 같다.

최근에 마블 영화 최신작을 봤다. 내가 가장 좋아하는 배우들이 주연으로 출연한 작품이다. 영화의 줄거리도 마음에 들었는데, 왜냐하면 특히 마지막에 예기치 못한 대반전이 있었기 때문이다. 그 영화에는 재미있는 장면도 많았다. 영화 보는 내내 크게 웃었다. 정말 대박 영화였던 것 같다. 한국에서도 흥행 성적이 매우 좋았다.

SPEECH PRACTICE

My favorite action hero is Captain America. He is very strong, and he is an inspiration. He is also very good-looking and 157 has a good heart. He also has great leadership skills. I really like how he defeats all the bad guys at the end. I know that he is a fictional character, but I think it would be great if he existed in real life. He could make the world a better place to live in.

I recently watched the latest Marvel movie. Some of my favorite actors starred in the movie. I really liked the storyline of the movie, especially because there was a big twist at the end. The movie was packed with funny scenes. It 158 cracked me up many times. I think it was a 159 killer movie. In fact, the movie was a box-office hit in Korea.

KEY EXPRESSIONS

be an inspiration 영감을 주다
have a good heart 마음이 선하다
leadership skills 리더십 스킬
bad guy 악당
fictional character 허구의 인물
in real life 현실에서
a better place to live in 살기 더 좋은 곳
star in ~에 (주연으로) 출연하다
big twist 대반전
be packed with ~으로 가득하다
crack someone up 크게 웃게 하다
killer 끝내주는
box-office hit 흥행 대작

PATTERN
PRACTICE

157 have a good heart 마음이 선하다

He is very good-looking and has a good heart.
그는 외모가 출중하고, 마음이 선하다.

He doesn't seem like it, but he has a good heart.
그렇게 보이지는 않지만, 사실 그는 마음이 선해.

I want to marry someone who has a good heart.
나는 마음이 선한 사람과 결혼하고 싶어.

158 crack someone up 크게 웃게 하다

It cracked me up many times.
그것 때문에 나는 여러 번 크게 웃었다.

This video cracked me up when I first saw it.
이 영상 처음 봤을 때 정말 크게 웃었어.

He always cracks me up with his jokes.
그는 농담으로 항상 나를 웃게 해 준다.

159 killer 끝내주는

I think it was a killer movie.
정말 대박 영화였던 것 같다.

The new album contains a killer song.
새 앨범에 끝내주는 곡이 있어.

That restaurant serves some killer desserts.
그 음식점은 후식이 아주 끝내줘.

DIALOGUE PRACTICE

A Wow, what a great movie! I really liked **the main character**

B I didn't like it very much. It wasn't **realistic** at all.

A Stop nitpicking. It's **a superhero movie**. What did you expect?

B I guess you're right.

A Maybe you just don't like superhero movies **in general**.

A 우와, 정말 끝내주는 영화네! 주인공이 진짜 좋았어.
B 나는 그렇게 좋지는 않았어. 전혀 현실적이지 않잖아.
A 트집 좀 잡지 마. 슈퍼히어로 영화잖아. 뭘 기대한 거야?
B 네 말이 맞긴 해.
A 네가 그냥 슈퍼히어로 영화를 전반적으로 안 좋아하는 것 같아.

COMPOSITION PRACTICE

1 돈이 많은 것보다 마음씨가 선한 것이 더 중요해. (have a good heart)

2 그는 재능은 많은데, 리더십 스킬이 부족해. (leadership skills)

3 이 영화는 볼 때마다 정말 웃겨. (crack someone up)

4 앨리스가 끝내주는 아이디어를 생각해 냈어. (killer)

ANSWERS
1. **Having a good heart** is more important than being rich.
2. He is talented, but he lacks **leadership skills**.
3. This movie **cracks me up** whenever I watch it.
4. Alice came up with a **killer** idea.

DAY 54

Korean Movies

한국 영화

음원 54

Today's TOPIC

54th

최근 몇 년간 우리나라 영화가 아카데미 시상식, 칸 영화제, 골든 글로브 시상식 등 세계적인 영화제에서 상을 받는 일이 계속 나오고 있다. 우리나라 영화감독이나 배우가 상을 타는 일도 있었다.

한국 영화의 작품성이 점점 우수해지면서, 국제 시상식에서 후보작에 오르는 사례가 점점 흔해지고 있다. 한국 영화는 작품성뿐만 아니라 내용도 재미있다. 그래서 세계 곳곳에서 개봉되고 있다. 상업적으로 성공을 거두는 영화도 많다.

한국 영화의 발전에는 한국인의 영화 사랑이 한몫하고 있다. 한국인들은 전 세계에서 영화관 영화 관람을 가장 많이 하고 있다. 성인 한 명이 연평균 4회 이상 영화관에 가서 영화를 본다. 앞으로도 더 좋은 한국 영화 작품이 계속 나올 것으로 많은 이가 기대하고 있다.

SPEECH PRACTICE

Over the last few years, Korean movies have 160 **taken home prizes** at world-famous global movie awards such as the Academy Awards, the Cannes Film Festival, and the Golden Globe Awards. Korean directors and actors have also won awards at these events.

As Korean movies continue to improve in quality, it's becoming more common for them to be nominated at global film awards. In addition to 161 **artistic merit**, they are also fun to watch. That's why they are opening in theaters around the world. Many movies are 162 **doing well at the box office**.

Korean people's love of movies is behind the success of domestic films. Koreans are world-class when it comes to visiting theaters. An average adult will visit a theater at least 4 times a year. Many are filled with anticipation that there will continue to be more good Korean movies.

KEY EXPRESSIONS

take home the prize 상을 받다, 수상하다
world-famous 세계적으로 유명한
win an award 수상하다
improve in quality 품질이 좋아지다
become more common 더 흔해지다
be nominated 후보로 지명되다
artistic merit 작품성, 예술적 가치
open in theaters 극장 개봉을 하다
do well at the box office 흥행에 성공하다
be behind ~의 덕분이다, 책임이 있다
world-class 세계 최고 수준의
be filled with anticipation 기대가 크다

160 take home the prize 상을 받다, 수상하다

Korean movies have taken home prizes at world-famous global movie awards.
우리나라 영화들이 세계적인 영화제에서 상을 받고 있다.

I knew that actor would take home the prize.
그 배우가 수상할 것이라고 알고 있었어.

Our team took home the prize thanks to our teamwork.
팀워크 덕분에 우리 팀이 수상했다.

161 artistic merit 작품성, 예술적 가치

In addition to artistic merit, they are also fun to watch.
작품성뿐만 아니라 내용도 재미있다.

It's an exciting movie, but it has almost no artistic merit.
신나는 영화지만, 예술적인 가치는 거의 없어.

I don't think this book has much artistic merit.
이 책은 작품성이 떨어지는 것 같아.

162 do well at the box office 흥행에 성공하다

Many movies are doing well at the box office.
상업적으로 성공을 거두는 영화들도 많다.

We were surprised that the movie did well at the box office.
우리는 그 영화가 흥행에 성공해서 놀랐어.

Superhero movies have done well at the box office for several years.
수년간 슈퍼히어로 영화들이 흥행에 성공해 왔다.

DIALOGUE PRACTICE

A Do you like watching Korean movies?

B Of course I do. **I watch one at least once a month**.

A Do you go to the theater every time?

B No, I usually watch at home. I **stream movies on Netflix** a lot. For **the latest releases**, I use **VOD services** on TV.

A I see.

A 한국 영화 보는 거 좋아하니?
B 그럼 좋아하지. 한 달에 한 편은 보는 것 같아.
A 우와, 정말 많이 보는구나. 영화관에 가서 보는 거야?
B 아니, 집에서 보는 편이야. 넷플릭스에서 스트리밍으로 많이 봐.
최신 개봉작은 TV 유료 서비스로도 많이 봐.
A 그렇구나.

COMPOSITION PRACTICE

1 새로 나온 책의 예술적 가치에 대해 논의했다. (artistic merit)

2 그 배우의 작품은 대부분 흥행에 성공한다. (do well at the box office)

3 국제 시상식에서 한국 영화들이 수상을 하는 것은 아주 인상적이다. (take home prizes)

4 그 서비스 덕분에 집에서도 최신 개봉작을 볼 수 있다. (the latest releases)

ANSWERS
1. We discussed the **artistic merit** of the new book.
2. That actor's movies usually **do well at the box office**.
3. It's quite impressive that Korean movies are **taking home prizes** at global awards.
4. Thanks to that service, you can watch **the latest releases** at home.

DAY
55

Parasite: Academy Awards

음원 55

영화 〈기생충〉 아카데미 수상

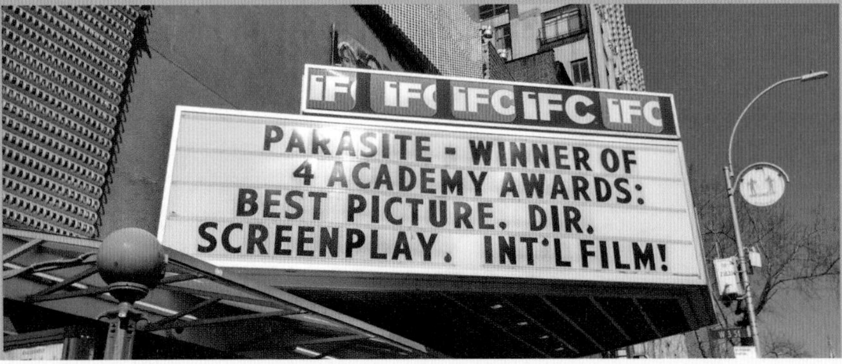

Today's TOPIC

55th

한국 영화 〈기생충〉이 지난 2020년 아카데미 시상식에서 4개 부문을 수상한 것은 우리 영화계 역사를 다시 쓴 사건이었다. 가장 먼저, 〈기생충〉은 작품상을 받았다. 아카데미 92년 역사상 영어가 아닌 외국어로 제작된 영화가 이 상을 타는 것은 처음 있는 일이었다. 또한 아카데미 각본상과 국제 장편 영화상을 받기도 했다.

한편, 이 영화의 봉준호 감독은 아카데미 감독상을 받았다. 한국인 감독이 이 상을 받은 것 또한 역대 최초였다. 그의 수상 소감은 매우 감동적이고 재치 있었다. 언론의 집중 조명을 받았고, 많은 화제를 일으켰다.

뛰어난 한국 영화가 이렇게 많은 상을 받아서 정말 자랑스러웠다. 나는 봉준호 감독의 팬이 되었다. 그의 다음 작품들이 기대된다.

SPEECH PRACTICE

The Korean movie *Parasite* 163 made cinema history by winning 4 Oscars at the Academy Awards in 2020. First, it won best picture. It was the first time in 92 years that a non-English film had won that award. The movie also won the Oscars for best original screenplay and best international feature film.

Meanwhile, the director of the movie, Bong Joon Ho, won the Oscar for best director. It was also the first time that a Korean director had won that award. His acceptance speeches at the award were very touching and got a lot of laughs. It got a lot of spotlight from the media and 164 created a lot of hype.

Personally, I was very proud that such a classic Korean movie won so many awards. I became a big fan of director Bong Joon Ho. I 165 look forward to watching his future movies.

KEY EXPRESSIONS

make history 역사를 새로 쓰다
win 4 Oscars 아카데미 4개 부문을 수상하다
best picture 작품상
the first time in 92 years 92년 만에 최초
best original screenplay 각본상
best international feature film 국제 장편 영화상
win the Oscar for best director 아카데미 시상식 감독상을 받다
acceptance speech 수상 소감
touching 감동적인
got a lot of laughs 많은 웃음을 자아내다
get a lot of spotlight 조명을 받다
create a lot of hype 숱한 화제를 일으키다
become a big fan of 매우 좋아하게 되다
look forward to 기대하다

PATTERN
PRACTICE

163 make history 역사를 새로 쓰다

The Korean movie *Parasite* made cinema history by winning 4 Oscars.
한국 영화 〈기생충〉이 아카데미 시상식 4개 부문에서 수상하면서 영화계 역사를 새로 썼다.

The Korean national soccer team made history in 2002.
한국 축구 국가 대표팀은 2002년에 역사를 새로 썼다.

The company made history by releasing that product.
그 제품을 발매하면서 그 기업은 역사를 새로 썼다.

164 create a lot of hype 숱한 화제를 일으키다

The movie created a lot of hype.
영화는 많은 화제를 일으켰다.

The Academy Awards creates a lot of hype every year.
아카데미 시상식은 매년 많은 화제를 일으킨다.

The scandal actually created a lot of hype.
그 스캔들이 실제로 크게 화제가 되었다.

165 look forward to 기대하다

I look forward to watching his future movies.
그의 다음 작품들이 기대된다.

I look forward to seeing you more often.
앞으로 더 자주 보게 되면 좋겠어요.

I've never been to Jeju Island before, so I'm really looking forward to it.
제주도에는 가 본 적이 없어서 정말 기대돼.

DIALOGUE PRACTICE

A I think the movie *Parasite* was really amazing.

B Yeah. It **made history** by winning the Academy Award for best picture.

A I know. It was the first time that a non-English film **managed to win.**

B Didn't it also win **a whole bunch of** awards at other film festivals?

A That's right. It **took home prizes** at the Cannes Film Festival and the Golden Globe Awards.

A 영화 〈기생충〉 정말 대단했던 것 같아.
B 맞아. 아카데미에서 작품상을 타서 역사를 새롭게 썼어.
A 그러니까. 외국어로 된 영화가 이긴 건 처음이었잖아.
B 다른 영화제에서도 상을 많이 타지 않았니?
A 응, 맞아. 칸 영화제하고 골든 글로브 시상식에서도 상을 탔어.

COMPOSITION PRACTICE

1 작가가 그 책으로 역사를 새로 썼지. (make history)

2 업계에서 그 전화기 신제품은 큰 화제를 일으켰다. (create a lot of hype)

3 그 작가의 신간 소설이 많이 기대돼. (look forward to)

4 내가 좋아하는 영화가 상을 4개나 받았어. (take home prizes)

ANSWERS
1. The author **made history** with that book.
2. The new phone **created a lot of hype** in the industry.
3. I'm **looking forward to** that author's new book.
4. The movie I like **took home** four **prizes**.

DAY 56

Watching Movies at Home

음원 56

집에서 영화 관람

Today's TOPIC

56th

요즘은 영화관에 가지 않고도 집에서 영화를 쉽게 볼 수 있다. 디지털 TV 서비스로 인해서, 최신 개봉작도 집에서 볼 수 있다. 물론 영화표 가격에 준하는 돈을 내야 볼 수 있지만, 영화관에서 놓친 최신 영화를 집에서 바로 볼 수 있다는 장점이 있다.

나는 넷플릭스와 디즈니 플러스에 가입해서 구독하고 있다. 그곳에는 엄청나게 많은 영화가 있다. 매월 얼마 되지 않는 이용료를 내고 영화를 마음껏 볼 수 있다. TV에 인터넷이 연결되어 있어서, 아예 TV로 이 서비스를 구동한다.

영화를 보면, 그 영화와 비슷한 영화들을 추천해 준다. 이렇게 비슷한 취향의 영화를 계속 추천해 주는 것이 정말 유용하다. 이런저런 영화를 계속 검색해 봐야 하는 수고를 덜어 준다.

SPEECH PRACTICE

These days, it's easy to 166 **catch a movie** at home without having to go to a theater. People can watch even the latest releases using digital TV services. The prices are more or less the same as prices for movie tickets. However, the advantage is that they can watch movies at home that they didn't get around to watching in theaters.

I have a membership for Netflix and Disney Plus. They have a vast number of movies. I only have to pay a small monthly fee to watch movies 167 **to my heart's content**. The TV is connected to the internet, so I can use the service directly on the TV.

When I watch a certain film, the streaming services make recommendations for similar movies. It's really useful how I can get recommendations that suit my tastes. It 168 **saves the trouble of** having to look up movies again and again.

KEY EXPRESSIONS

catch a movie 영화를 보다
latest release 최신 개봉작
digital TV services 디지털 TV 서비스
more or less the same 얼추 비슷한
get around to 시간을 내서 하다
have a membership for 회원 가입이 되어 있다
a vast number of 방대한 수의
pay a monthly fee 매월 이용료를 내다
to one's heart's content 마음껏, 얼마든지
be connected to the internet 인터넷에 연결되어 있다
make a recommendation 추천하다
suit one's taste(s) 취향에 맞다
save the trouble of ~하는 수고를 덜어 주다

PATTERN
PRACTICE

166 catch a movie 영화를 보다

These days, it's easy to catch a movie at home without having to go to a theater.

요즘은 영화관에 가지 않고도 집에서 영화를 쉽게 볼 수 있다.

Do you want to catch a movie tomorrow?

내일 영화 보러 갈래?

I don't even have time to catch a movie these days.

요즘은 영화 한 편 볼 시간조차 없어.

167 to one's heart's content 마음껏, 얼마든지

I only have to pay a small monthly fee to watch movies to my heart's content.

매월 얼마 되지 않는 이용료를 내고 영화를 마음껏 볼 수 있다.

I sang to my heart's content last night.

어젯밤 마음껏 노래를 불렀어.

I'm on a diet, but I eat to one's heart's content once a week.

다이어트 중이지만 일주일에 한 번은 마음껏 먹는다.

168 save the trouble of ~하는 수고를 덜어 주다

It saves the trouble of having to look up movies again and again.

이런저런 영화를 매번 검색해 봐야 하는 수고를 덜어 준다.

Mobile banking saves the trouble of going to the bank.

모바일 뱅킹을 이용하면 수고스럽게 은행에 갈 필요가 없다.

Taking a shower at night saves the trouble of waking up earlier.

밤에 샤워하면 더 일찍 일어나야 하는 수고를 덜 수 있다.

DIALOGUE PRACTICE

A The last scene in the movie was so great. It was such a huge twist.

B **Don't spoil it**. I haven't seen it yet.

A Really? I thought you'd seen it already. But **it's not in theaters any more**.

B I'm going to **watch it on VOD** this weekend.

A I see. I guess I shouldn't tell you **how it ends** then.

A 이 영화 마지막 장면 정말 끝내줬어. 진짜 엄청난 반전이었어.
B 스포일러는 말하지 마. 난 아직 못 봤어.
A 진짜? 벌써 본 줄 알았어. 하지만 이제 극장에서도 내렸는데.
B 이번 주말에 집에서 VOD로 볼 거야.
A 그렇구나. 그럼 영화 결말이 어떻게 끝나는지 말하면 안 되겠네.

COMPOSITION PRACTICE

1 그는 대학생 때와 거의 똑같이 생겼어. (more or less the same)

2 나는 드디어 시간을 내서 세차했어. (get around to)

3 휴가 때 마음껏 수영했다. (to one's heart's content)

4 인터넷으로 주문하면 상점에 직접 가는 수고를 덜 수 있어. (save the trouble of)

ANSWERS
1. He looks **more or less the same** as he did in college.
2. I finally **got around to** washing my car.
3. I swam **to my heart's content** during my vacation.
4. You can **save the trouble of** going to a store by ordering online.

DAY
57

Movie Theaters

영화관

음원 57

Today's TOPIC

57th

한국에는 영화관이 정말 많다. 요즘은 거의 모든 곳에 영화관이 있다. 그 이유는 한국인들이 영화 보러 가는 것을 유난히 좋아하기 때문이다. 매우 보편적인 문화생활의 일환이다. 대부분의 영화관은 유동 인구가 많은 번화가에 있다.

한국에는 대형 영화 체인이 세 곳 있다. 이들 영화관은 시설도 좋고 규모가 크다. 좌석도 편하고, 앞뒤 간격도 넓다. 연인 간에 함께 붙어 앉을 수 있는 좌석도 있다.

영화표는 영화관 현장에 가서 티켓 카운터에서 구할 수 있다. 이렇게 현장에서 구매하는 경우는 대부분, 즉흥적으로 영화를 볼 때이다.

물론, 사람들 대부분은 영화관 앱을 이용해서 사전에 표를 산다. 이렇게 하면 매우 손쉽게 표를 구매할 수 있다. 앉고 싶은 좌석을 미리 지정할 수도 있다. 영화관에 가서는 핸드폰 화면에 예매 내역을 보여 주고 입장하면 된다.

SPEECH PRACTICE

There are tons of movie theaters in Korea. They 169 **are all over the place** these days. That's because Koreans really like to go to the movies. It is a very popular form of entertainment. Most movie theaters are in downtown areas with a lot of foot traffic.

There are three major theater chains in Korea. They have great facilities and are very large in size. They have comfy seats with a lot of 170 **leg-room** and special seats for couples.

Movie tickets can be bought at the box office, on site at the theater. When people buy tickets in this fashion, they are usually watching a movie 171 **on a whim**.

Most people do get tickets in advance using theater apps. This makes it a breeze to buy tickets. Users can also get dibs on the seats that they want. At the theater, you can enter by showing them your reservation details on your phone.

KEY EXPRESSIONS

be all over the place 여기저기 흔히 있다
go to the movies (극장에) 영화를 보러 가다
popular form of entertainment 보편적인 문화생활의 일환
downtown area 도심 지역, 번화가
foot traffic 유동 인구
theater chain 극장 체인
great facilities 좋은 시설
comfy seats 편한 좌석
leg-room 좌석의 앞뒤 간격
the box office 극장 매표소
on site 현장에서
in a fashion ~한 형식으로
on a whim 즉흥적으로
reserve in advance 사전에 예약하다
makes (something) a breeze ~을 쉽게 하다
get dibs on 선점하다
reservation details 예약 내역

169 be all over the place 여기저기 흔히 있다

Movie theaters are all over the place these days.
요즘은 사방에 영화관이 있다.

Coffee shops are all over the place in Korea.
한국에서는 커피숍을 여기저기 흔히 볼 수 있다.

People wearing that kind of hat are all over the place these days.
요즘은 저런 모자를 쓴 사람이 아주 많이 보인다.

170 leg-room 좌석의 앞뒤 간격

They have comfy seats with a lot of leg-room.
좌석도 편하고, 좌석 앞뒤 간격도 넓다.

I wish seats on planes had more leg-room.
비행기 좌석 앞뒤 간격이 좀 더 넉넉하면 좋겠어.

There's lots of leg-room in my new car.
새 차는 좌석의 앞뒤 간격이 충분해.

171 on a whim 즉흥적으로

People sometimes go to watch movies on a whim.
즉흥적으로 영화를 보러 가게 되는 일도 있다.

I first went to that restaurant on a whim.
저 음식점에 처음에는 그냥 즉흥적으로 가 봤어.

On a whim, I bought this new book.
이 새 책을 즉흥적으로 샀어.

DIALOGUE PRACTICE

A Hey, did you watch the new Marvel movie? I saw it last weekend.

B No, I haven't had time to watch it yet. Is it good?

A **It's a must-see**! And you should definitely **see it in a theater**.

B Okay, I'll **get tickets** to see it this week.

A Use the app to **check for tickets**.

A 너 새로 나온 마블 영화 봤니? 난 지난 주말에 봤는데.
B 아니, 아직 시간이 없어서 못 봤어. 재미있어?
A 꼭 봐야 해! 그리고 반드시 극장에서 보도록 해.
B 알았어. 표 예매해서 이번 주에 볼게.
A 앱에서 티켓 확인해 봐.

COMPOSITION PRACTICE

1 요즘은 어디를 가든 편의점이 아주 많다. (be all over the place)

2 딸은 영화를 보러 극장에 가기에는 너무 어리다. (go to the movies)

3 별생각 없이 충동적으로 테니스를 배우기 시작했다. (on a whim)

4 앞 좌석을 누가 차지할지를 두고 누나들과 다퉜다. (get dibs on)

ANSWERS
1. Convenience stores **are all over the place** these days.
2. My daughter is too young to **go to the movies**.
3. I began to learn tennis **on a whim**.
4. My sisters and I argued over who **got dibs on** the front seat.

DAY
58

Ticket Prices for Movies

음원 58

영화표 가격

Today's TOPIC

58th

우리나라는 국민 1인당 연평균 영화관 영화 관람 횟수가 전 세계에서 가장 높은 편이다. 영화표는 기본 가격이 있고, 시간대에 따라서 가격이 다르기도 하다. 특히 심야 상영 시간에는 푯값이 가장 비싸다.

더불어, 3D, 4D 혹은 IMAX 영화관과 같은 특수 상영관은 가격이 더 비싸다. 좌석의 종류에 따라서도 푯값이 다르다. 커플을 위한 특별 좌석은 가격이 비싼 대신, 오붓하게 붙어서 볼 수 있다. 그리고 자리가 더 편안하고 스크린도 더 잘 보인다.

그리고 최고급 좌석이나 누워서 보는 침대형 좌석도 있다. 표를 사려면 큰 비용을 내야 한다. 이런 상영관에는 영화를 보는 동안 필요한 것을 도와주는 전담 직원도 있다.

SPEECH PRACTICE

Korea has one of the highest per capita figures for average visits to a movie theater each year. There is a base price for tickets, but it depends on the 172 screening time. Tickets are most expensive for late night screenings.

Special theaters like 3D and 4D theaters or IMAX screens have steeper prices. The type of seat also comes into play with the ticket price. You have to pay top dollar for special seats for couples, but you can snuggle up together as you watch a movie. Also, the seats are more comfortable and you 173 have a good view of the screen.

There are also ultra-luxe seats and even bed-type seats. You have to 174 pay through the nose for these tickets. These theaters have employees that cater to your every need.

KEY EXPRESSIONS

per capita 1인당
average visits to a movie theater
영화관 평균 방문 횟수
base price 기본 가격
screening time (= showing time)
상영 시간
late night screening 심야 상영
steeper prices 더 높은 가격대
come into play 작용하게 되다
pay top dollar 큰 비용을 내다
snuggle up 오붓하게 끌어안다
have a good view of ~이 잘 보이다
ultra-luxe 최고급
bed-type seat 침대형의 좌석
pay through the nose 큰 비용을 내다
cater to someone's every need
~의 모든 요구 사항을 충족시키다

172 screening time 상영 시간
late night screenings 심야 상영

The ticket price depends on the screening time.
상영 시간에 따라 표 가격이 다르다.

Let me double-check the screening time for the movie.
그 영화 상영 시간 다시 확인해 볼게.

Tickets are most expensive for late night screenings.
푯값은 심야 상영 시간대가 가장 비싸다.

173 have a good view of ~이 잘 보이다

Expensive seats have a good view of the screen.
비싼 좌석에서는 화면이 잘 보인다.

This café has a good view of the city.
이 카페에서는 시내 전경이 잘 보인다.

Our hotel room had a good view of the beach.
호텔 객실에서 해변이 잘 보인다.

174 pay through the nose 큰 비용을 내다

You have to pay through the nose for tickets.
표를 사려면 큰 비용을 내야 한다.

We had to pay through the nose when we ate at the airport.
우리는 공항에서 식사해서 많은 비용을 내야 했다.

Tourists often end up paying through the nose.
관광객은 바가지요금을 내는 경우가 꽤 많아.

DIALOGUE PRACTICE

A Wow, these are really good seats. How much did you pay for the tickets?

B 18,000 won **per person**.

A That's way too expensive! **What a rip-off**!

B It's not so bad.

A I guess **the seats are bigger** and we **get a better view**.

A 우와, 자리 끝내준다. 푯값은 얼마나 냈어?
B 1인당 18,000원.
A 1인당 18,000원이라고? 너무 비싸잖아! 정말 바가지네!
B 그리 심한 것은 아니야.
A 좌석도 더 넓고, 더 잘 보이는 것 같네.

COMPOSITION PRACTICE

1 우리 자리에서 콘서트가 아주 잘 보였다. (have a good view of)

2 리서치를 좀 해 보면 돈을 너무 많이 내지 않아도 돼. (pay through the nose)

3 다음 상영 시간이 언제니? (screening time)

4 명품 브랜드의 가격대가 더 높다. (steeper prices)

ANSWERS
1. We **had a good view of** the concert from our seats.
2. You can avoid **paying through the nose** if you do some research.
3. When is the next **screening time**?
4. Products from luxury brands have **steeper prices**.

DAY
59

Movie Snacks

영화 간식

음원 59

Today's TOPIC

59th

팝콘은 내가 극장에서 가장 좋아하는 간식이다. 한국의 극장에는 갈릭, 어니언, 치즈, 캐러멜 등 여러 가지 맛이 나는 팝콘이 있다.

요즘에는 팝콘에 뿌려 먹는, 맛이 첨가된 가루도 있다. 팝콘에 가루를 붓고, 뚜껑을 덮은 다음 가루가 팝콘과 섞이도록 흔들면 된다. 원하는 맛은 무엇이든지 고를 수 있어서 좋다. 개인적으로는 주로 일반 팝콘을 먹는다.

또 극장에서는 핫도그, 나초 칩, 마른오징어도 판매한다. 그리고 각종 차가운 음료, 뜨거운 음료를 모두 판매한다. 나는 탄산음료가 극장에서 파는 간식과 가장 잘 어울린다고 생각한다.

SPEECH PRACTICE

Popcorn is my favorite snack at the movie theater. At Korean theaters, they have flavored popcorn such as garlic, onion, cheese, or caramel.

These days, they even have flavored powder for popcorn. You just pour the powder in the popcorn, cover it with a lid, and shake it to mix with the popcorn. It's great because you can 175 choose whatever flavor you want. Personally, I just get the regular popcorn most of the time.

Plus, they sell hotdogs, nacho chips, and dried squid at the theaters. They also sell 176 all sorts of beverages both hot and cold. I think soft drinks 177 go best with snacks at theaters.

KEY EXPRESSIONS

favorite snack 좋아하는 간식
flavored popcorn 맛이 첨가된 팝콘
flavored powder 맛이 첨가된 가루
pour the powder 가루를 붓다
cover something with a lid 뚜껑을 덮다
choose whatever flavor you want 원하는 맛은 무엇이든 고르다
regular popcorn 일반 팝콘
all sorts of beverages 각종 음료수
soft drink 탄산 음료
go best with ~와 가장 잘 어울리다

PATTERN
PRACTICE

175 choose whatever flavor you want
원하는 맛은 무엇이든 고르다

You can choose whatever flavor you want.

원하는 맛은 무엇이든지 고를 수 있다.

Choose whatever flavor you want to make your own ice cream.

무엇이든 원하는 맛을 골라서 자신만의 아이스크림을 만들어 보세요.

They said you could choose whatever flavor you want.

네가 원하는 맛은 무엇이든 고를 수 있다고 그랬어.

176 all sorts of beverages 각종 음료수

They sell all sorts of beverages both hot and cold

거기에서는 각종 차가운 음료, 뜨거운 음료를 모두 판매한다.

You can choose from all sorts of beverages.

각종 음료수 중에서 선택할 수 있다.

The café sells all sorts of beverages.

이 카페는 각종 음료수를 판다.

177 go best with ~와 가장 잘 어울리다

Soft drinks go best with snacks at theaters.

탄산음료는 극장에서 파는 간식과 가장 잘 어울린다.

Meat goes best with red wine.

고기는 레드 와인과 가장 잘 어울린다.

I think fried chicken goes best with beer.

치킨이 맥주랑 가장 잘 어울리는 것 같아.

DIALOGUE PRACTICE

A Should we get some snacks?

B Oh, **I have a free coupon for popcorn**.

A Wow! That's great. Let's use that.

B Let me find it first. **It's somewhere on my cell phone**.

A I guess it was a digital coupon. **Take your time**.

A 간식 좀 사 올까?
B 아, 나 팝콘 무료 쿠폰 있어.
A 와! 좋아! 그거 쓰자.
B 좀 찾아볼게. 휴대 전화 어딘가에 있거든.
A 디지털 쿠폰이었구나. 천천히 찾아.

COMPOSITION PRACTICE

1 나는 맛이 첨가된 팝콘을 별로 좋아하지 않는다. (flavored popcorn)

2 좋아하는 맛은 뭐든 고를 수 있어서 좋다. (choose whatever flavor you want)

3 이 코너에서는 각종 음료를 다 살 수 있다. (all sorts of beverages)

4 연어와는 어떤 와인이 가장 잘 어울려? (go best with)

ANSWERS
1. I'm not a big fan of **flavored popcorn**.
2. It's great that you can **choose whatever flavor you want**.
3. You can buy **all sorts of beverages** at this section.
4. What kind of wine **goes best with** salmon?

DAY
60

Drive-in Theaters

자동차 극장

음원 60

Today's TOPIC

60th

우리나라에 자동차 극장이 도입된 지는 한참 되었다. 차에서 내리지 않고도 영화를 볼 수 있어서 많은 호응을 얻었다. 차 안에서 라디오 주파수를 맞추면, 영화 음성이 들린다.

가벼운 간식류도 판매해서, 먹으면서 영화를 볼 수 있다. 무엇보다 남들을 신경 쓰지 않고, 오붓하게 영화를 볼 수 있다. 그래서 데이트 코스로도 많이 활용된다.

특히, 코로나바이러스 팬데믹 당시에는 일반 영화관을 찾는 사람들은 크게 줄었다. 사회적 거리두기가 생활화되면서, 당시에는 자동차 극장을 찾는 사람이 늘었다.

SPEECH PRACTICE

Drive-in theaters have been around in Korea for quite some time. People like them because they can watch a movie without having to step out of their car. You can hear the movie's audio by 178 adjusting the radio in the car.

The theaters sell light snacks, so you can 179 munch on them while you watch the movie. Best of all, you don't have to 180 be mindful of others, and you can watch a movie in comfort. This makes these theaters popular dating spots.

Especially during the coronavirus pandemic, the number of visitors to ordinary theaters dropped sharply. As social distancing measures took root in our daily lives, more people visited drive-in theaters back then.

KEY EXPRESSIONS

drive-in theaters 자동차 극장
have been around 존재해 오다
for quite some time 제법 오랫 동안
step out of 내리다, 나가다
adjust the radio 라디오를 조작하다, 주파수를 맞추다
light snack 가벼운 간식
munch on (간식 등을) 먹다
be mindful of 신경 쓰다, 배려하다
in comfort 오붓하게, 편안하게
dating spot 데이트 장소
coronavirus pandemic 코로나바이러스 팬데믹
drop sharply 급락하다, 폭락하다
social distancing measures 사회적 거리 두기 조치
take root 자리 잡다

178 adjust the radio 라디오를 조작하다, 주파수를 맞추다

You can hear the movie's audio by adjusting the radio in the car.
차 안에서 라디오 주파수를 맞추면, 영화 음성이 들린다.

It's dangerous to adjust the radio while driving.
운전 중에 라디오를 조작하는 것은 위험하다.

Why don't you adjust the radio?
라디오 주파수를 맞추지 그래?

179 munch on (간식 등을) 먹다

You can munch on snacks while you watch the movie.
영화를 보면서 가벼운 간식을 먹을 수 있다.

I like to munch on popcorn while I watch a movie.
영화를 볼 때는 팝콘을 즐겨 먹는다.

Munching on candy helped me quit smoking.
사탕을 먹는 것이 담배를 끊는 데 도움이 됐어.

180 be mindful of 신경 쓰다, 배려하다

You don't have to be mindful of others.
다른 사람들을 신경 쓰지 않아도 된다.

Please be mindful of people who are trying to study.
공부하려는 사람들을 좀 배려해 주세요.

I tried to be mindful of people who were less lucky.
나는 운이 따르지 않은 사람들을 배려하려고 노력했다.

DIALOGUE PRACTICE

A Do you want to **catch a movie** tomorrow?

B Movie theaters will probably be really **crowded with people**.

A Then, would you like to go to a **drive-in theater**?

B Really? Have you been to one before?

A Sure. **Loads of times**. They're not that bad.

A 내일 영화나 볼까?
B 영화관에 사람 많은데 괜찮아?
A 그럼 자동차 극장 갈까?
B 정말? 가본 적 있어?
A 응. 여러 번 가 봤지. 나름 괜찮아.

COMPOSITION PRACTICE

1 그녀는 자신이 운전 중일 때 내가 라디오에 손대는 것을 싫어한다. (adjust the radio)

2 다른 군것질거리보다는 간식으로 주로 사과를 먹는다. (munch on)

3 나는 그녀가 주변 사람들을 배려해 주는 모습이 좋다. (be mindful of)

4 영화를 보러 가는 사람 숫자가 급격히 줄었다. (drop sharply)

ANSWERS
1. She doesn't like it when I **adjust the radio** while she's driving.
2. I usually **munch on** apples instead of other snacks.
3. I like how she **is mindful of** other people around her.
4. The number of people going to watch movies **dropped sharply**.

PATTERNS PRACTICE

입이 트이는 영어 핵심 패턴

180

본문의 핵심 패턴 180개를
말하기 연습용으로 모아 두었습니다.
한국어를 보고 영어로 바로 말하는,
순간 말하기 훈련에 활용해 보세요.

DAY 01 Social Media 소셜 미디어

001 have a conversation 대화를 나누다

이용자는 메시지를 통해서 서로 대화를 나눌 수 있다.	Users can **have conversations** through messages.
너무 시끄러워서 대화조차 할 수 없었다.	It was so noisy that we couldn't even **have a conversation.**
그녀는 어떤 상대와도, 또 어떤 주제이든 간에 대화할 수 있다.	She can **have a conversation** with anyone, about any topic.

002 not all roses 좋은 면만 있는 것이 아닌

소셜 미디어가 꼭 좋은 것만 있는 것은 아니다.	Social media is **not all roses**.
의사라는 직종이 좋은 면만 있는 것은 아니다.	Being a doctor is **not all roses**.
모두 좋은 것만은 아니었지만, 나에게는 특별한 추억이야.	It was **not all roses**, but it's a special memory for me.

003 sticking point 단점, 어려운 문제

해킹으로 인한 피해가 문제된다.	Damage from hacking is a **sticking point**.
처음에는 어려운 점은 언급하지 않았다.	They didn't mention the **sticking point** at first.
아주 좋은 차이기는 하는데, 가격이 문제야.	It's a great car, but the **sticking point** is its price.

DAY 02 Messaging Apps 메신저 앱

004 every last 하나도 빠짐 없이

스마트폰 사용자 거의 모두가 메신저 앱을 사용한다.	Nearly **every last** smartphone user uses a messaging app.
나는 접시에 담긴 음식을 조금도 남기지 않고 전부 먹었다.	I ate **every last** bit of food on my plate.
그 영화는 한 장면도 빠짐 없이 끝내줘.	**Every last** scene in that movie is great.

005 mobile gift voucher 모바일 상품권, 기프티콘

메신저 내에서 기프티콘으로 서로 선물을 주고받을 수 있다.	You can exchange **mobile gift vouchers** using chatting apps.
그녀가 내 생일이라고 기프티콘을 줬다.	She gave me a **mobile gift voucher** for my birthday.
기프티콘을 받으면 기분이 정말 좋아.	It feels very good to receive **mobile gift vouchers**.

006 express oneself 자신을 표현하다

다양한 이모티콘으로 자신의 감정을 표현할 수 있다.	Various emoticons let you **express yourself**.
나는 감정 표현을 잘 하지 못한다.	I'm not very good at **expressing myself**.
누구나 자신을 표현하는 방식이 다르다.	Everyone **expresses themselves** differently.

DAY 03 Group Chats 단체 채팅방

007 streamline a process 과정을 효율화하다

단체 채팅방은 여러 사람에게 사진, 파일, 링크 등을 공유하는 것을 편리하게 해 준다.	Group chats **streamline the process** of sharing photos, files or links with a group.
보고서 작성 과정을 효율화할 필요가 있어.	We need to **streamline the process** of writing reports.
우리는 과정을 효율화함으로써 많은 비용을 아낄 수 있었다.	We saved a lot of money by **streamlining the process**.

008 in one go 한 번에

여러 사람에게 한꺼번에 메시지를 전달할 수 있다.	You can send messages to many people **in one go**.
가끔은 식료품을 한꺼번에 들고 갈 수 없다.	I sometimes can't take in all the groceries **in one go**.
우리는 두 프로젝트를 한 번에 끝마쳤다.	We finished both projects **in one go**.

009 put one's heads together 머리를 맞대고 고민하다

우리는 채팅방에서 협의를 한다.	We use the chatroom to **put our heads together**.
머리를 맞대고 고민해 보면 분명히 해결책을 찾을 수 있을 거야.	I'm sure we can find a solution if we **put our heads together**.
발표를 준비하기 위해 모두가 머리를 맞대고 진행했다.	We all **put our heads together** to prepare the presentation.

DAY 04 YouTube 유튜브

010 make the most of 최대한 활용하다

새로운 콘텐츠를 보며, 시간을 유익하게 보낼 수 있다.	I can **make the most of** my time by watching new content.
이 수업에서 최대한 많은 것을 얻으려면, 능동적이야 한다.	To **make the most of** this class, you need to be proactive.
배우는 내용을 최대한 활용하려고 노력해 보세요.	Try to **make the most of** what you learn.

011 slip past someone 인식하지 못하고 넘어가다

영화에서 미처 인식하지 못했던 부분에 대해 알게 되어 흥미롭다.	It's fun to learn about things in movies that had **slipped past me**.
내가 어떻게 이것을 놓쳤는지 도무지 알 수 없네.	I have no idea how this **slipped past me**.
워낙 작은 오타라서 아무도 인식하지 못했다.	It was such a small typo that it **slipped past everyone**.

012 have a lot of sway 영향력이 크다

요즘은 유튜브에 자신의 채널을 가지고 있는 사람들의 영향력이 대단히 크다.	People with their own channel on YouTube **have a lot of sway** these days.
이 잡지는 패션 업계에서 영향력이 커.	This magazine **has a lot of sway** in the fashion industry.
그 평론가는 영향력이 크지만, 나는 자주 의견이 다르다.	That critic **has a lot of sway**, but I often disagree with him.

DAY 05 Online Comments 온라인 댓글

013 cyber-bullying 온라인 괴롭힘, 악플 달기

요즘 악플을 포함한 온라인 괴롭힘 문제가 심각하다.	**Cyber-bullying** involving mean comments is a major problem these days.
온라인 괴롭힘을 방지하기 위해 더 강력한 법이 있어야 한다.	There should be stronger laws to prevent **cyber-bullying**.
익명으로 글을 올릴 수 있다 보니 온라인 괴롭힘이 더 심해진다.	Being able to post things anonymously makes **cyber-bullying** even worse.

014 break a sweat 공을 들이다, 힘을 쏟다

온라인상에서 다른 사람들에게 친절하게 대하는 것은 그리 힘든 일이 아니었다.	I didn't have to **break a sweat** being kind to people online.
그녀는 그것을 하는 동안 그다지 힘들어하지 않았다.	She didn't even **break a sweat** while she was doing it.
나는 사전에 준비를 잘한 탓에 크게 힘들지는 않았다.	I was well-prepared, so I did not have to **break a sweat**.

015 make the world a better place 더 좋은 세상을 만들다

더 좋은 세상을 만들기 위해서 하고 있다.	I do it to **make the world a better place**.
우리는 더 좋은 세상을 만들기 위해서 할 수 있는 모든 것을 다 해야 해.	We should do everything we can to **make the world a better place**.
이렇게 작은 것들이 더 좋은 세상을 만들 수 있어.	Small things like this can **make the world a better place**.

DAY 06 Mobile Games 모바일 게임

016 a good way to kill time 시간을 때우기 좋은 방법

모바일 게임은 시간을 때우기 좋은 방법일 수 있다.	Mobile games can be **a good way to kill time**.
인터넷 영상을 보는 것은 시간을 때우기 좋은 방법이다.	Watching online video clips is **a good way to kill time**.
시간을 때우기 좋은 방법이 무엇이 있을까?	What would be **a good way to kill time**?

017 be bad for one's eyesight 시력에 좋지 않다

사람들이 응시하는 작은 화면은 시력에 좋지 않을 수 있다.	The small screens people stare at can **be bad for people's eyesight**.
부적절한 조명은 시력에 안 좋을 수 있다.	Inadequate lighting can **be bad for your eyesight**.
TV를 너무 많이 보는 것이 시력에 안 좋을 수 있다.	Watching too much TV can **be bad for your eyesight**.

018 in moderation 적당하게

게임은 항상 적당히 하는 것이 중요하다.	It's always important to play games **in moderation**.
술은 항상 적당히 마시는 것이 좋다.	You should always drink **in moderation**.
그에게 그것을 적당히 하라고 말했어.	I told him to do it **in moderation**.

DAY 07 Recommendation Algorithms 추천 알고리즘

019 grab one's interest ~의 관심을 끌다

한번은 유튜브에서 내 관심을 끄는 영상을 봤다.	Once, I saw a video that **grabbed my interest** on YouTube.
책 표지가 나의 관심을 끌었다.	The cover of the book **grabbed my interest**.
영화 예고편이 사람들의 관심을 끈 것 같아.	I think the movie trailer **grabbed people's interest**.

020 put something in one's shopping cart (인터넷) 장바구니에 넣다

내가 장바구니에 뭔가 담으면, 알고리즘이 유사 상품을 추천해준다.	When I **put something in my shopping cart**, an algorithm recommends similar products.
그걸 장바구니에 담긴 했는데, 아직 살지 결정하지는 않았어.	I **put it in my shopping cart**, but I haven't decided whether to buy it yet.
물건을 더 보고 싶어서 일단 그걸 장바구니에 담았다.	I wanted to see more items, so I **put it in my shopping cart**.

021 have one's head on straight 사리 분별을 하다, 합리적으로 행동하다

내가 사리 분별을 못할 만큼 어리석지는 않다.	I'm not a fool, and I **have my head on straight**.
이건 중요한 발표니까, 반드시 정신 똑바로 차리도록 해.	This is an important presentation, so be sure to **have your head on straight**.
그는 농담을 많이 하지만, 항상 사리 분별은 확실해.	He jokes a lot, but he always **has his head on straight**.

DAY 08 Webtoons 웹툰

022 a newly-coined word 신조어

웹툰은 신조어이다.	'Webtoon' is **a newly-coined word**.
요즘 신조어가 정말 많아.	There are so many **newly-coined words** these days.
일부 신조어는 뒤처지지 않고 따라가기가 쉽지 않아.	It's hard to keep up with some **newly-coined words**.

023 cultural content 문화 콘텐츠

오늘날 웹툰은 K-콘텐츠의 대표 주자 중의 하나이다.	Webtoons these days are a top example of Korean **cultural content**.
문화 콘텐츠가 아주 중요한 자산이 되고 있다.	**Cultural content** is becoming a very important asset.
한국은 이제 문화 콘텐츠로 유명하다.	Korea is now famous for its **cultural content**.

024 overflow with ~으로 넘쳐나다

웹툰에는 정말 기발한 아이디어와 소재가 넘쳐난다.	Webtoons are **overflowing with** creative ideas and content.
그의 영화들은 짜릿한 액션 장면이 차고 넘친다.	His movies are **overflowing with** great action scenes.
내가 대학에 들어갔을 때 부모님은 매우 자랑스러워하셨다.	My parents were **overflowing with** pride when I got into college.

DAY 09 Apps for Buying and Selling Used Stuff 중고 거래 앱

025 get a good price 좋은 가격을 받다

구매자는 좋은 가격에 살 수 있다.	The buyer can **get a good price**.
네가 괜찮은 가격에 살 수 있게 내가 도와줄 수 있어.	I can help you **get a good price**.
이 차 제법 좋은 가격에 샀어.	I **got a good price** for this car.

026 a win-win 양쪽 모두에게 이득

파는 사람, 사는 사람 모두에게 이익이다.	It's **a win-win** for both the buyer and the seller.
나는 서로 간에 이득인 계약이라 생각했는데, 그들은 거절했다.	I thought the contract was **a win-win**, but they refused.
문제에 대한 해결책이 항상 모두에게 이득이 될 수는 없다.	Not every solution to a problem is **a win-win**.

027 meet in person 직접 만나다

사람들은 직접 만나서 거래할 수 있다.	People can **meet in person** for a sale.
코로나바이러스 때문에 우리는 지금 직접 만날 수는 없다.	We can't **meet in person** right now because of the coronavirus.
우리가 드디어 직접 만날 수 있어 기쁘다.	I'm glad that we could finally **meet in person**.

DAY 10 Coffee Shop Apps 커피숍 앱

028 useful feature 유용한 기능

커피숍 앱의 유용한 기능은 앱으로 주문할 수 있다는 것이다.	A **useful feature** of coffee shop apps is that you can use them to place an order.
이 전화기에는 유용한 기능이 아주 많아.	This phone has a lot of **useful features**.
유용한 기능이기는 한데, 항상 잘 작동되는 것은 아니야.	It's a **useful feature**, but it doesn't always work well.

029 set foot in 발을 들여놓다

매장 안에 들어가지 않고도 앱으로 주문할 수 있다.	You can order on the app without **setting foot in** a shop.
저 건물 안에 발도 들이고 싶지 않아.	I don't even want to **set foot in** that building.
그렇게 큰 경기장에는 들어가 본 적이 없었다.	I had never **set foot in** such a large stadium before.

030 be good to go 준비가 다 되다

음료가 준비되면, 이름을 부른다.	When your drink **is good to go**, they call you by your name.
5분 내로 갈 준비 다 할게.	I'll **be good to go** in five minutes.
회의가 시작되기 전에 슬라이드는 모두 준비되었다.	The slides **were good to go** before the meeting started.

DAY 11 Mobile Banking Apps 모바일 뱅킹 앱

031 take care of 처리하다

나는 상당수의 은행 거래를 모바일 앱으로 처리한다.	I **take care of** a lot of my banking errands using a mobile app.
그가 처리해 주겠다고 약속했어.	He promised he would **take care of** it.
처리해야 하는 일이 몇 가지 있어요.	I have a couple of things I have to **take care of**.

032 run an errand 볼일을 보다

어느 시간이라도 은행 업무를 볼 수 있어서 정말 좋다.	The best part is that I can **run bank errands** at any time.
나는 오후 내내 여러가지 볼일을 봐야 했다.	I had to spend the entire afternoon **running errands**.
너무 바쁘지 않으면 나 대신 심부름 좀 다녀와 줄 수 있어?	Can you **run an errand** for me, if you're not too busy?

033 a sizable amount of 상당한 양의

제법 큰 금액을 이체할 일이 있었다.	I had to transfer **a sizable amount of** money.
끝내는 데 상당히 긴 시간이 걸렸다.	It took **a sizable amount of** time to finish.
그녀가 상당히 큰 금액을 빌려줬어.	She loaned me **a sizable amount of** money.

DAY 12 Wireless Internet 무선 인터넷

034 unlimited data plan 무제한 요금제

많은 사람이 데이터 무제한 요금제를 사용한다.	Many people use **unlimited data plans**.
무제한 요금제는 대부분 제법 비싸다.	**Unlimited data plans** are usually quite expensive.
무제한 요금제를 사용하면 휴대 전화를 할인가에 받을 수 있어.	If you use an **unlimited data plan**, you can get a discount on the phone.

035 get a Wi-Fi signal 무선 인터넷 신호를 잡다

집 어디서든 와이파이가 잡힌다.	We can **get a Wi-Fi signal** anywhere in the house.
한국은 거의 어디에서나 무선 인터넷 신호가 잡힌다.	You can **get a Wi-Fi signal** almost anywhere in Korea.
무선 인터넷 신호가 잡히지 않으면 태블릿을 사용할 수 없어.	I can't use my tablet if I can't **get a Wi-Fi signal**.

036 be wirelessly connected 무선으로 연결되어 있다

거실에 있는 TV도 무선 인터넷을 연결했다.	The TV in the living room is also **wirelessly connected**.
요즘 신규 기기는 대부분 무선으로 연결된다.	Most new devices these days are **wirelessly connected**.
무선 스피커도 음질이 똑같이 좋아.	**Wirelessly connected** speakers sound just as good.

DAY 13 Remote Video Classes 원격 화상 수업

037 become a thing 생겨나다, 현실이 되다

코로나19라는 것이 있기 전에는, 학생들은 직접 등교했다.	Before COVID-19 **became a thing**, students went to school in person.
전기 자동차가 이렇게 빨리 보편화될 것이라고는 생각하지 못했다.	I didn't know electric cars would **become a thing** so quickly.
이메일이라는 것이 생기기 전에 사람들은 어떻게 일을 했을까?	How did people do work before email **became a thing**?

038 from the comfort of one's own home 집에서 편하게

집에서 편하게 수업을 들을 수 있어서 좋다.	It's nice to attend classes **from the comfort of my own home**.
나는 편하게 재택근무하는 것을 선호해.	I prefer to work **from the comfort of my own home**.
요즘은 집에서도 편하게 새로 개봉한 영화를 볼 수 있다.	These days, it's easy to watch new movies **from the comfort of one's own home**.

039 pay attention to ~에 집중하다

가끔 선생님 말씀에 경청하지 않을 때도 있다.	I sometimes don't **pay attention to** what the teacher is saying.
나는 지시 사항을 집중해서 듣지 않아서 실수하고 말았다.	I made a mistake because I didn't **pay attention to** the directions.
아이가 어떻게 반응하는지에 대해 집중해야 한다.	You should **pay attention to** how your child reacts.

DAY 14 Virtual Reality(VR) 가상 현실

040 in tandem with ~와 더불어

VR 기기는 다른 기기와 함께 사용할 수 있다.	VR equipment can be used **in tandem with** other equipment.
다이어트는 운동과 병행하면 더욱더 효과적이다.	A diet is more effective **in tandem with** exercise.
우리는 다른 직원들과 함께 문제를 해결하려고 노력했다.	We worked **in tandem with** other employees to solve the problem.

041 take root 자리매김하다, 뿌리내리다

한국에서는 신규 IT 제품이 빠르게 자리잡는다.	New IT products **take root** quickly in Korea.
그 추세는 젊은이들 사이에서 빠르게 자리잡았다.	The trend quickly **took root** among youngsters.
스마트폰은 어느 누가 예상했던 것보다 빠르게 정착했다.	Smartphones **took root** more quickly than anyone expected.

042 growth potential 성장 잠재력

무한한 성장 잠재력이 있는 분야임은 분명하다.	It's definitely a field with infinite **growth potential**.
인기 있는 제품이지만 성장 잠재력은 크지 않다.	It's a popular product, but it doesn't have much **growth potential**.
당신의 사업 아이템은 성장 잠재력이 무한한 것 같아요.	They had to **make do without** their star player.

DAY 15 Metaverse 메타버스

043 in real life 현실에서

그곳에서는 현실 세계와 같은 방식으로 사회, 경제, 문화 활동이 이뤄집니다.	Social, economic, and cultural activities take place there, just like **in real life**.
우리는 아직 실제로 만난 적은 없다.	We haven't met **in real life** yet.
그런 일은 영화에서 자주 있지만, 현실에서는 벌어지지 않는다.	That happens often in movies, but never **in real life**.

044 defining trait 가장 큰 특징

그 안에서 일상 활동을 할 수 있다는 특징이 있습니다.	Its **defining trait** is that people can perform everyday activities in it.
이 휴대폰의 핵심 특징은 바로 카메라이다.	The camera is this phone's **defining trait**.
재료의 신선함이 그 음식점의 주요 특징이다.	The freshness of the ingredients is the restaurant's **defining trait**.

045 in real time 실시간으로

그 콘서트는 메타버스에서 실시간으로 재현되었다.	The concert was recreated **in real time** in a metaverse.
정보를 실시간으로 얻을 수 있으면 큰 도움이 된다.	It is very helpful to get information **in real time**.
이제는 뉴스를 실시간으로 접할 수 있다.	You can get the news **in real time** nowadays.

DAY 16 Package Trips 패키지여행

046 time-consuming 시간이 많이 소요되는

직접 예약하지 않아도 되기 때문에 시간이 덜 들어간다.	It's less **time-consuming** because I don't have to make reservations myself.
요리하는 것을 좋아하는데, 시간이 너무 많이 걸려.	I enjoy cooking, but it's so **time-consuming**.
시간이 많이 소요될 것 같아서 주말이 될 때까지 기다렸다.	I waited until the weekend because I thought it would be **time-consuming**.

047 have a lot to offer 장점이 많다, 얻을 것이 많다

단체 여행 패키지는 장점이 많다.	Group tour packages **have a lot to offer**.
수업에서 배울 점이 아주 많았다고 생각해.	I think the class **had a lot to offer**.
그 친구와 대화를 나눠 보면, 그에게서 얻을 것이 많다는 것을 알게 될 거야.	If you talk to him, you will realize that he **has a lot to offer**.

048 get a group rate 단체 할인을 받다

다양한 단체 할인을 받을 수 있어서 좋다.	It's nice to **get group rates** for various costs.
친구들과 함께 가면 단체 할인을 받을 수 있어.	You can **get a group rate** if you go with your friends.
단체 할인을 받으려면 미리 예약해야 한다.	To **get a group rate**, you have to make a reservation in advance.

DAY 17 Self-planned Trips 자유 여행

049 gravitate toward ~쪽으로 마음이 가다, ~을 선호하다

자유 여행을 선호하는 사람이 점점 늘어나고 있다.	More and more people are **gravitating toward** self-planned trips.
남편은 주로 자기계발서를 읽는데, 나는 소설을 선호한다.	My husband mostly reads self-help books, but I **gravitate toward** novels.
요즘은 규모가 작은 음식점을 선호하게 돼.	I **gravitate toward** smaller restaurants these days.

050 keep up with 발맞추다

이 같은 추세에 발맞춰서, 여행사도 여러 종류의 자유 여행 패키지를 취급하고 있다.	To **keep up with** this trend, travel agencies offer various self-planned trip packages.
최근 추세에 발맞춰 휴대 전화에 신규 기능이 몇 가지 추가되었어.	The phone has some new features to **keep up with** the trends.
나는 요즘 새로 출시된 신곡을 다 파악하기가 힘들어.	It's hard for me to **keep up with** newly-released songs these days.

051 flight and hotel package 항공권 숙박 패키지

신혼여행도 항공권과 호텔 숙박만 제공하는 패키지가 있다.	There are **flight and hotel packages** for honeymoons.
항공권과 숙박 패키지로 유럽에 다녀왔다.	We traveled to Europe on a **flight and hotel package**.
대부분은 항공권과 숙박 패키지가 더 저렴해.	Usually, a **flight and hotel package** is cheaper.

DAY 18 Overseas Trips 해외여행

052 place to stay 머물 장소, 숙소

가격이 적당하면서도 편안한 숙소를 찾는다.	I look for a comfortable **place to stay** at a reasonable price.
지낼 곳이 필요하면 고민하지 말고 전화해 주세요.	If you need a **place to stay**, don't hesitate to call me.
여행 중에 묵을 저렴한 숙소를 찾았다.	We found a cheap **place to stay** during our trip.

053 get a taste of 맛보다

나는 주로 현지 정통 요리를 먹어보기 위해 음식점 몇 군데 목록을 정한다.	I usually make a list of restaurants to **get a taste of** the local cuisine.
예고편을 보면서 그 영화가 어떤 느낌일지 미리 보았다.	I **got a taste of** the movie by watching the trailer.
이곳은 한식을 맛보기에 아주 좋은 곳입니다.	This is a great place to **get a taste of** Korean food.

054 go sightseeing 관광하다

나는 해외여행을 가면 관광하는 것을 좋아한다.	I like to **go sightseeing** when I travel overseas.
사람들은 새로운 장소를 방문하면 관광하는 것을 좋아한다.	People like to **go sightseeing** when they visit new places.
우리는 거기에 있는 동안 관광하기로 결정했다.	We decided to **go sightseeing** while we were there.

DAY 19 Aftereffects of Traveling 여행 후유증

055 suffer from jet lag 시차로 인해 고생하다

해외여행을 다녀온 후에 시차 적응이 되지 않아 고생한다.	After traveling abroad, I **suffer from jet lag**.
나는 휴가를 마치고 돌아와서 시차 적응이 되지 않아 힘들었다.	I **suffered from jet lag** when I came back from my vacation.
시차 때문에 고생하지 않기 위해 비행 내내 잤다.	I slept throughout the whole flight so that I wouldn't **suffer from jet lag**.

056 get plenty of rest 충분한 휴식을 취하다

그래서 여행을 다녀오고 나서는 충분한 휴식을 취하는 것이 좋다.	That's why it's best to **get plenty of rest** after returning from a trip.
지난 주말에는 충분히 쉬었어.	I **got plenty of rest** last weekend.
감기에 걸리면 충분한 휴식을 취하는 것이 좋다.	You should **get plenty of rest** when you catch a cold.

057 feel sore all over 온몸이 쑤시다

그다음 날 온몸이 뻐근했다.	The next day, I **felt sore all over**.
소파에서 자서 온몸이 쑤셨다.	I **felt sore all over** because I slept on the sofa.
약을 먹기 전까지는 온몸이 쑤셨다.	I **felt sore all over** until I took some medicine.

DAY 20 Hotels 호텔

058 book in advance 사전에 예약하다

대부분 사전에 예약하고 가기 때문에, 이름만 말하면 된다.	I usually **book in advance**, so I only need to tell them my name.
사전에 예약하지 않으면 좌석을 잡기 힘들 거야.	You won't be able to get seats unless you **book in advance**.
휴가를 갈 때는 보통 사전에 예약한다.	When I go on a vacation, I usually **book in advance**.

059 take a look around 주변을 한번 둘러보다

방에 도착하면 객실을 먼저 한번 돌아본다.	When I get to my room, I first **take a look around**.
둘러보기는 했는데 아무것도 사지는 않았어.	I **took a look around** but I didn't buy anything.
한번 둘러보고 싶었는데 시간이 충분하지 않았다.	I wanted to **take a look around**, but there wasn't enough time.

060 kick back and relax 편히 쉬다

호텔 수영장 주변에는 편히 쉴 수 있는 공간도 있었다.	Around the hotel pool, there were spaces to **kick back and relax**.
주말에는 편히 쉬는 것이 좋다.	On weekends, I like to **kick back and relax**.
나는 편히 쉬고 싶었는데, 아내는 리조트를 구경하고 싶어 했다.	I wanted to **kick back and relax**, but my wife wanted to see the resort.

DAY 21 Hotel Vacations 호캉스

061 go on a vacation 휴가를 가다

내가 어렸을 때는 휴가를 간다고 하면, 주로 해변 어딘가로 가는 것을 의미했다.	When I was younger, **going on a vacation** usually meant going to a beach.
나는 휴가를 가기 전에 구체적으로 계획을 세우는 것이 좋아한다.	I like to make specific plans before I **go on a vacation**.
우리는 휴가를 가면 자주 싸운다.	We often have fights when we **go on a vacation**.

062 put a damper on 위축시키다, 퇴색시키다

코로나19는 여행을 많이 위축시켰다.	The COVID-19 pandemic **put a damper on** traveling.
팬데믹은 경제를 크게 위축시켰다.	The pandemic really **put a damper on** the economy.
그 소식은 회사 주가를 많이 내려가게 했다.	The news **put a damper on** the company's stock price.

063 get some rest 휴식을 취하다

호캉스로 휴식을 취할 수 있었어.	The hotel vacation allowed me to **get some rest**.
우리 출발하기 전에 잠시 휴식을 취하지 그래?	Why don't you **get some rest** before we head out?
주말 동안 좀 쉬었어?	Did you **get some rest** over the weekend?

DAY 22 Vacation Cabins 펜션

064 lodging facility 숙박 시설

한국에는 펜션이라는 숙박 시설이 있다.	In Korea, there are **lodging facilities** called 'pensions.'
나는 숙박 시설을 주로 인터넷으로 예약해.	I usually reserve **lodging facilities** online.
깨끗하기만 하다면, 나는 저렴한 숙박 시설에 묵는 것을 크게 개의치 않는다.	I don't mind staying at cheap **lodging facilities** as long as they are clean.

065 book a room 숙소를 예약하다

인터넷상에서 숙소를 예약할 수 있다.	You can **book a room** online.
공항에서 꽤 가까운 괜찮은 호텔에 방을 예약했다.	I **booked a room** at a decent hotel close to the airport.
거기에 객실을 예약하는 일은 거의 불가능하다.	It's almost impossible to **book a room** there.

066 spend quality time 뜻깊은 시간을 보내다

가족과 뜻깊은 시간을 보낼 수 있어서 정말 좋았다.	It was great to **spend some quality time** with my family.
나는 피곤할 때도 아이들과 뜻깊은 시간을 보내려고 노력한다.	I try to **spend quality time** with my kids, even when I'm tired.
우리는 함께 의미 있는 시간을 보낼 기회가 거의 없어.	We rarely get to **spend quality time** together.

DAY 23 Camping 캠핑

067 catch on 유행하기 시작하다, 정착하다

한국에도 캠핑이 유행하기 시작했습니다.	Camping has begun to **catch on** in Korea.
그 스타일이 유행하기 시작했다.	That style is starting to **catch on**.
요즘 호캉스 트렌드가 인기를 얻기 시작했다.	The hotel vacation trend is really **catching on** these days.

068 take off 급상승하다, 본격적으로 유행하다

캠핑용품에 대한 수요가 급상승했다.	Demand for camping equipment has also **taken off**.
그 회사에 입사하고 나서, 그녀의 경력이 본격적으로 풀리기 시작했다.	Her career really **took off** after she joined that company.
캠핑의 인기가 갑자기 올라간 이후부터 캠핑 관련 방송이 많아졌다.	There have been many camping-related programs since camping **took off**.

069 pick up after oneself 뒷정리하다

자리를 뜨기 전에 주변을 깨끗이 정리해야 한다.	You should **pick up after yourself** before you leave.
내 아이들은 절대 스스로 뒷정리하지 않는다.	My kids never **pick up after themselves**.
뒷정리할 시간이 없었어.	I didn't have time to **pick up after myself**.

DAY 24 Car Rental 렌터카

070 differ depending on ~에 따라 다르다

차종과 기간에 따라 하루 대여 비용이 달라진다.	The daily rental fee **differs depending on** the car model and period.
신발 사이즈는 나라마다 조금씩 다르다.	Sizes for shoes **differ depending on** the country.
어디에서 사는지에 따라 가격이 다를 수 있다.	The price might **differ depending on** where you buy it.

071 fill up the tank (가득) 주유하다

차량을 반납할 때는 가득 주유한다.	When I return the car, I **fill up the tank**.
주유를 하려고 휴게소에 들렀다.	We stopped at a rest area to **fill up the tank**.
요즘 차량 주유하려면 돈이 훨씬 더 많이 들어.	It costs a lot more to **fill up the tank** these days.

072 cover the cost 비용을 부담하다

상대 운전자가 수리비를 다 내야 하는 상황이었다.	The other driver had to **cover the cost** for repairs.
우리는 비용을 같이 내기로 합의했다.	We agreed to **cover the cost** together.
내가 낼 차례여서, 내가 비용을 냈다.	It was my turn to pay, so I **covered the cost**.

DAY 25 Theme Parks 놀이공원

073 get crowded 사람들로 붐비다

놀이공원은 주말에는 항상 인파로 붐빈다.	Amusement parks always **get crowded** on weekends.
그 공원은 저녁때 사람들로 붐빈다.	The park **gets crowded** with people in the evening.
출퇴근 시간에는 지하철이 많이 붐빈다.	The subway **gets** very **crowded** during rush hour.

074 sense of anticipation 기대감, 설렘

표를 끊을 때 느꼈던 설레는 기분은 잊을 수 없다.	I'll never forget the **sense of anticipation** I felt when we got our tickets.
매년 연초에는 항상 기대감이 느껴진다.	I always feel a **sense of anticipation** at the beginning of each year.
비행기에 탑승하기 전에 나는 설렘으로 가득 차 있다.	I am filled with a **sense of anticipation** before I get on a plane.

075 stand in line 줄을 서다

한참 동안 줄을 서서 기다려야 했다.	I had to **stand in line** for a long time.
나는 줄 서서 기다리는 것을 싫어해.	I don't like to **stand in line**.
우리가 일찍 도착했는데도 이미 많은 사람이 줄을 서서 기다리고 있었다.	We arrived early, but many people were already **standing in line**.

DAY 26 Waterparks 워터파크

076 be elated 신이 나다, 마냥 행복해하다

아이들은 그야말로 물 만난 고기 마냥 신나게 물에서 뛰어놀았다.	The kids **were elated**, excitedly playing in the water.
나는 어렸을 때 놀이공원에 가면 정말 신이 났던 기억이 나.	I remember **being elated** when I visited theme parks as a kid.
너 그 소식 들었을 때, 완전히 신나 보였어.	You seemed to **be elated** when you heard the news.

077 wash away one's fatigue 피로를 씻어내다

나와 남편은 수압 마사지를 받으며 피로를 풀었다.	My husband and I **washed away our fatigue** with hydro massages.
남편은 명상하면 피로가 해소된다고 말한다.	My husband says that meditating **washes away his fatigue**.
아이러니하게도 퇴근 후 운동하면 피로를 씻어낼 수 있다.	Ironically, exercising after work can **wash away your fatigue**.

078 sleep like a baby 곤히 자다, 정신없이 자다

그날 밤에 기진맥진해서 정말 정신없이 잤다.	I felt exhausted that night and I **slept like a baby**.
난 피곤하면 정말 정신없이 자.	I **sleep like a baby** when I'm tired.
네가 너무 곤히 자고 있어서 깨울 수가 없었어.	I couldn't wake you up because you were **sleeping like a baby**.

DAY 27 Beaches 해변

079 get a tan 태닝하다

모래사장에 누워서 태닝할 때도 있다.	Sometimes, I **get a tan** on the beach.
태닝하고 싶었는데 날씨가 흐리다.	I wanted to **get a tan**, but the weather was cloudy.
태닝하기 전에 반드시 자외선 차단제를 충분히 바르도록 해.	Be sure to put on plenty of sunscreen before you **get a tan**.

080 have a great view of ~의 전망이 잘 내다보이다

바닷가 전망이 잘 내다보이는 펜션에 묵었다.	We stayed at a cabin that **had a great view of** the ocean.
그 음식점에서 보이는 강 전경이 근사하다.	The restaurant **has a great view of** the river.
우리가 간 카페는 호숫가 전망이 좋았다.	The café we went to **had a great view of** the lake.

081 stay up until late at night 밤늦게까지 잠을 안 자다

밤늦게까지 이야기하며 시간을 보냈다.	We **stayed up until late at night** talking.
보고서를 완성하기 위해 밤늦게까지 잠을 자지 못했다.	I had to **stay up until late at night** to finish the report.
나는 중간고사나 기말고사를 준비하기 위해 밤늦게까지 잠을 안 자곤 했다.	I used to **stay up until late at night** to prepare for midterms or finals.

DAY 28 Living in Jeju for One Month 제주도 한 달 살기

082 a top pick 인기 있는 물건/장소

제주도는 한국 관광객이 가장 많이 찾는 곳이다.	Jeju is **a top pick** among Korean tourists.
인기 있는 기종이지만 나는 별로 마음에 들지 않아.	That model is **a top pick**, but I don't really like it.
저 지역이 지금은 인기가 많지만, 항상 그랬던 것은 아니었다.	That place is **a top pick** now, but it wasn't always so popular.

083 give oneself a chance to heal 스스로 힐링할 기회를 주다

나는 스스로 힐링하기 위해 제주도 한 달 살기를 했다.	I lived in Jeju for a month to **give myself a chance to heal**.
부모님은 스스로 힐링할 기회를 챙기는 경우가 드물다.	Parents rarely **give themselves a chance to heal**.
계속해서 일하고 싶다면, 스스로 힐링할 기회를 가져야 한다.	If you want to keep working, you need to **give yourself a chance to heal**.

084 take in the ocean view 바다 전망을 감상하다

나는 숙소 앞 바다 풍경을 감상했다.	I **took in the ocean view** in front of the house.
그 카페는 바다 전망을 감상하기에 아주 좋은 장소다.	The café is a great place to **take in the ocean view**.
나는 해변 근처 호텔에서 숙박할 때 바다 전망을 감상하는 것을 좋아한다.	I like to **take in the ocean view** when I stay at a beachside hotel.

DAY 29 Bullet Trains 초고속 열차

085 user-friendly 사용하기 편한

이 앱은 매우 사용자 친화적이다.	The app is very **user-friendly**.
그 소프트웨어의 신규 버전은 사용하기 더 편리하다.	The new version of the software is more **user-friendly**.
이 휴대 전화는 OS가 사용하기 편해서 좋다.	I like this phone because the OS is **user-friendly**.

086 get comfy 편한 자세를 취하다

기차에 올라타서 자리에 편하게 앉았다.	I got on the train, and **got comfy** in my seat.
비행기에서 편한 자세를 취하기가 어려웠어.	I couldn't **get comfy** on the plane.
편하게 자리를 잡고, 이내 잠들었다.	I **got comfy** and soon fell asleep.

087 something to snack on 간식거리

간식 카트에서 간식도 사 먹었다.	I also got **something to snack on** from the snack cart.
항상 책상에 간식거리를 둔다.	I always keep **something to snack on** at my desk.
간식거리를 사려고 휴게소에 들렀다.	We stopped at a rest area to get **something to snack on**.

DAY 30 Airline Baggage Restrictions 항공 수하물 규정

088 ensure safety 안전을 보장하다

안전한 항공 여행을 위해 지켜야 할 기본 규정이 마련되어 있다.	There are certain basic regulations in place to **ensure safety** in air travel.
안전을 보장하기 위해서 규정을 따라야 한다.	We need to follow the rules to **ensure safety**.
객실 승무원은 승객의 안전을 보장하기 위해 훈련을 받는다.	The cabin crew is trained to **ensure** the **safety** of passengers.

089 checked baggage 위탁 수하물

라이터와 보조 배터리는 위탁 수하물에 넣을 수 없다.	Lighters and battery packs can't be put in **checked baggage**.
항공사에서 나의 위탁 수하물을 분실했다.	The airline lost my **checked baggage**.
무거운 물건은 부치는 짐에 넣었다.	I put heavy items in my **checked baggage**.

090 prohibited item 금지 품목

뾰족한 물건이나 공구류는 모두 기내 반입이 금지되어 있다.	Sharp objects and tools are all **prohibited items** on planes.
나는 주머니에 금지 품목이 없는지 확인했다.	I checked my pockets for **prohibited items**.
액체가 담긴 대용량 용기는 금지 품목이다.	Large containers of liquids are **prohibited items**.

DAY 31 Online Shopping 온라인 쇼핑

091 a snap 매우 쉬운 일

수많은 인터넷 쇼핑몰이 있어서, 물건 사는 것이 매우 쉬워졌다.	It's **a snap** to buy things because there are so many online shopping malls.
한국에서는 다른 도시로 이동하는 것이 매우 쉽다.	In Korea, traveling to other cities is **a snap**.
익숙해지면 아주 쉬운 일이야.	It's **a snap** once you get used to it.

092 bargain price 낮은 가격, 싼 가격

낮은 가격에 물건을 살 수 있다.	You can buy items at a **bargain price**.
조금 더 기다리면 아주 싼 가격으로 살 수 있다.	If you wait a little longer, you can buy it at a **bargain price**.
상품들이 좀 더 오래됐지만, 낮은 가격에 판매된다.	The products are older, but they are sold at **bargain prices**.

093 impulse buy 충동구매

요즘은 충동구매가 큰 문제다.	**Impulse buys** are a big problem these days.
충동구매였지만, 후회하지는 않아.	It was an **impulse buy**, but I don't regret it.
충동구매하지 않기 위해 나는 지갑을 가지고 가지 않았다.	To prevent **impulse buys**, I didn't bring my wallet.

DAY 32 Home Shopping 홈쇼핑

094 walk someone through 차근차근히 설명해 주다

진행자들이 각 제품에 대한 설명을 차근차근히 해 준다.	The emcees **walk you through** the details of each product.
자세한 내용은 내일 차근차근히 설명해 줄게.	I'll **walk you through** the details tomorrow.
진행 과정을 하나씩 차근차근히 설명해 줄 수 있어?	Can you **walk me through** the process one by one?

095 put an emphasis on 강조하다

진행자들이 제품의 장점에 대해 상세하게 부각한다.	The show hosts **put an emphasis on** each product's strengths.
우리 직장 상사는 팀 내 협력을 매우 중요하게 여긴다.	Our boss **puts an emphasis on** teamwork.
그 요리사는 신선한 식재료 사용을 강조한다.	The chef **puts an emphasis on** fresh ingredients.

096 pay in installments 할부로 사다

신용카드 할부로 나눠서 지불할 수 있다.	You can use your credit card to **pay in installments**.
너무 비싸서 난 할부로 사야겠어.	It's too expensive, so I will have to **pay in installments**.
우리는 냉장고를 할부로 샀다.	We **paid** for the fridge **in installments**.

DAY 33 Outlet Malls 아웃렛 몰

097 an hour away by car 자동차로 한 시간 거리

차로 한 시간 정도 거리에 있는 아웃렛 몰에 갔다.	We went to an outlet mall **an hour away by car**.
우리 아들 학교는 차로 대략 한 시간 거리에 있어.	My son's school is about **an hour away by car**.
사무실이 차로 한 시간 거리에 있다.	My office is **an hour away by car**.

098 be crowded with people 사람들로 붐비다

인기 쇼핑몰은 주말에 가면 사람들이 몰린다.	Popular shopping malls **are crowded with people** on weekends.
나는 사람들이 붐비는 곳에 가는 것을 싫어한다.	I don't like to go to places that **are crowded with people**.
공원은 화창한 날씨를 만끽하러 온 사람들로 붐볐다.	The park **was crowded with people** who came to enjoy the nice weather.

099 window shopping 아이쇼핑

들어가서 다양한 옷을 둘러보기 시작했다.	We went inside and began **window shopping**.
구경만 하려고 했는데, 결국 돈을 많이 써 버리고 말았다.	I was just going to go **window shopping**, but I ended up spending a lot of money.
여행을 가면 상점의 물건을 구경하는 것을 좋아한다.	I like to go **window shopping** when I travel.

DAY 34 Online Grocery Shopping 인터넷 장보기

100 shop for groceries 장을 보다

사람들은 스마트폰으로 주문해서 장을 본다.	People now **shop for groceries** on their smartphones.
온라인상에서 장을 보는 것을 좋아하지 않는 사람들도 있다.	Some people don't like to **shop for groceries** online.
얼마나 자주 장을 보세요?	How often do you **shop for groceries**?

101 place an order 주문하다

사람들은 스마트폰으로 주문한다.	People **place orders** on their smartphones.
이 앱으로 주문하는 것은 매우 쉬워.	It's really easy to **place an order** on this app.
이 앱은 왜 이렇게 주문하기가 어려운 거야?	Why is it so difficult to **place an order** on this app?

102 speedy delivery 신속한 배달

온라인 장보기가 인기 있는 이유 중 하나는 빠른 배송이다.	**Speedy delivery** is one of the reasons online grocery shopping is so popular.
신속한 배달을 받을 수 있다면 추가 금액도 기꺼이 낼 수 있다.	I don't mind paying extra for **speedy delivery**.
한국은 전국 어디에서든 신속한 배달을 받을 수 있다.	You can get **speedy delivery** almost anywhere in Korea.

DAY 35 Food Delivery Apps 음식 배달 앱

103 order in 음식을 시켜 먹다

배달 앱 덕분에 음식을 시켜 먹는 것이 상당히 쉬워졌다.	**Ordering in** is really easy thanks to these apps.
요리하기에는 너무 피곤해서 음식을 시켜 먹었어.	I **ordered in** because I was too tired to cook.
너무 바빠서 점심은 배달시켜 먹었다.	We were very busy, so we **ordered in** for lunch.

104 ETA (= estimated time of arrival) 도착 예정 시간

주문을 완료하면 도착 예정 시간을 앱에서 알려 준다.	After you order something, you can see the **ETA** in the app.
예정 시간보다 일찍 도착했어.	We arrived before the original **ETA**.
친구들한테 내 도착 예정 시간을 문자로 보냈다.	I texted my **ETA** to my friends.

105 cooked to order 주문 즉시 조리되는

바로 만든 음식이어서 정말 맛있었다.	The food was delicious because it was **cooked to order**.
이곳 햄버거는 주문하는 즉시 조리돼.	The burgers here are **cooked to order**.
음식이 전부 즉석에서 조리되어서 시간이 좀 걸려.	The food is all **cooked to order**, so it takes some time.

DAY 36 Regular Delivery Service 정기 배송 서비스

106 a tendency to ~하는 경향

요즘은 거의 모든 제품을 인터넷상에서 구매하는 경향이 있다.	There is **a tendency to** order almost everything online these days.
나는 긴장을 하면 땀이 나는 경향이 있다.	I have **a tendency to** sweat when I get nervous.
그녀는 어려운 문제를 피하려는 경향이 있다.	She has **a tendency to** avoid difficult problems.

107 take notice of 인지하다, 인식하다

이 같은 추세에 맞춰, 일부 기업은 정기 배송 서비스를 제공하고 있다.	**Taking notice of** this trend, some companies are providing regular delivery services.
처음에는 아무도 그것을 인식하지 못했다.	Nobody **took notice of** that at first.
사람들이 네 능력을 알아주기를 원한다면, 더 열심히 해야 해.	If you want people to **take notice of** you, you need to work harder.

108 really take off 본격적으로 인기를 얻기 시작하다

정기배송 서비스는 최근 들어 이용자 수가 급증했다.	The regular delivery services **really took off** recently.
그 영화 이후로 그녀의 경력이 본격적으로 뜨기 시작했다.	Her career **really took off** after that movie.
그 회사는 그 제품의 성공으로 본격적으로 도약하기 시작했다.	The company **really took off** after the success of that product.

DAY 37 Online Overseas Shopping 해외 직구

109 be hard to come by 구하기 힘들다

일부 외국 제품은 한국에서 구하기 힘들다.	Some foreign products **are hard to come by** in Korea.
저런 제품은 요즘은 구하기 힘들어.	That type of product **is hard to come by** these days.
한국에서는 와이파이 신호를 쉽게 잡을 수 있다.	Wi-Fi **isn't hard to come by** in Korea.

110 have something shipped to ~을 ~로 배송시키다

먼저 구매자는 상품이 배송 대행 업체로 배송되도록 한다.	Users first **have the product shipped to** a proxy shipping company.
그거 집으로 배송시켰어, 아니면 회사로 보냈어?	Did you **have it shipped to** your home, or your office?
요즘에는 거의 무엇이든 집으로 배송시킬 수 있다.	You can **have anything shipped to** your home these days.

111 on the cheap 저렴하게

물건을 저렴하게 살 수 있다.	You can buy items **on the cheap**.
조금만 기다리면 더욱 저렴하게 살 수 있어.	If you wait a while, you can get it **on the cheap**.
아웃렛 몰에서 저렴하게 샀다.	I bought it **on the cheap** at an outlet mall.

DAY 38 Gift Certificates 상품권

112 pick out a gift 선물을 고르다

선물을 고를 필요가 없다.	There's no need to **pick out a gift**.
아버지께 드릴 선물을 고르는 데 시간이 제법 걸렸다.	It took me quite a while to **pick out a gift** for my dad.
특별한 누군가에게 줄 선물을 고르는 것은 쉽지 않다.	**Picking out a gift** for someone special is not easy.

113 deduct from the balance 잔액에서 차감하다

사용자가 잔액에서 차감하여 쓸 수 있는 카드 상품권도 있다.	There are also gift certificate cards that let the user **deduct from the balance**.
버스 카드를 사서 탈 때마다 잔액에서 차감할 수 있어.	You can get a bus card and **deduct from the balance** for each ride.
사람들은 카드에 금액을 충전하고 잔액에서 차감할 수 있다.	People can recharge their cards and **deduct from the balance**.

114 express one's gratitude 감사를 표하다

상품권은 고마움을 표할 수 있는 좋은 방법이다.	Gift certificates are a good way to **express your gratitude**.
감사를 표하기 위해 그녀에게 메시지를 보냈다.	I sent her a message to **express my gratitude**.
부모님께는 어떻게 감사를 표할지 모르겠다.	I don't know how to **express my gratitude** to my parents.

DAY 39 Shopping for Wine 와인 쇼핑

115 pop a bottle 술을 따서 즐기다

와인을 사서 집에서 마시는 사람이 점점 늘고 있다.	The number of people **popping bottles** of wine at home is increasing.
선물로 받은 와인 한 병을 따서 마셨다.	I **popped a bottle** of wine that I got as a gift.
지금 술을 새로 따서 마시기에는 너무 늦었어.	It's too late to **pop a bottle** now.

116 taste in ~에 대한 취향, 입맛

한국 사람들의 주류에 대한 입맛이 달라지고 있다.	Koreans' **tastes in** alcoholic drinks are changing.
내가 더 어릴 때는 음식 취향이 지금과 달랐다.	I had different **tastes in** food when I was younger.
그녀는 패션*감각이 너무 없어.	She has terrible **taste in** fashion.

117 go well with ~와 잘 어울리다

와인과 잘 어울리는 음식의 인기도 같이 올라가고 있다.	Foods that **go well with** wine are also becoming more popular.
레드 와인과 잘 어울리는 음식 종류가 뭐지?	What kind of food **goes well with** red wine?
이 타이 셔츠와 잘 어울려?	Does this tie **go well with** this shirt?

DAY 40 Responsible Spending 책임 있는 지출

118 open an account 통장/계정을 개설하다

적금 통장을 개설했다.	I've **opened a savings account**.
나는 통장을 개설할 때를 제외하면 은행에 가지 않는다.	I don't go to the bank unless I have to **open an account**.
요즘은 인터넷으로도 통장을 개설할 수 있다.	You can **open an account** online these days.

119 money drain 돈이 많이 들어가는 것

작년에 돈 들어갈 곳이 많았다.	I had several **money drains** last year.
이 차는 수년간 돈이 정말 많이 들었다.	This car has been a **money drain** for years.
그 프로젝트는 돈이 많이 들어가.	That project is just a **money drain**.

120 cost an arm and a leg 비용이 많이 들다

치료를 받느라 돈이 제법 많이 들어갔다.	It **cost an arm and a leg** to get treated.
컴퓨터를 수리하는 데 비용이 많이 들어갔다.	It **cost an arm and a leg** to get my computer fixed.
멋진 호텔이었지만, 숙박비가 정말 많이 들었다.	It was a great hotel, but it **cost an arm and a leg**.

DAY 41 Music Streaming Services 음악 스트리밍 서비스

121 on the go 이동하며, 돌아다니며

나는 출퇴근중에 이동하며 음악을 듣는 것을 좋아한다.	I like to listen to music **on the go** while commuting.
그는 항상 분주하게 여기저기 돌아다니는 듯 해.	He always seems to be **on the go**.
나는 쉬지도 못하고 온종일 돌아다녔다.	I've been **on the go** all day without a break.

122 stream music 음악을 스트리밍해서 듣다

나는 스마트폰으로 음악을 스트리밍해서 듣는 것을 좋아한다.	**Streaming music** on a smartphone excites me.
스트리밍으로 음악을 듣는 것이 MP3 파일을 다운로드하는 것보다 쉽다.	**Streaming music** is easier than downloading MP3 files.
나는 휴대 전화로 음악을 스트리밍해서 듣는다.	I **stream music** on my phone.

123 give it a shot 시도해 보다

구매하기 전에 먼저 한번 시도해 볼 수 있다.	You can **give it a shot** before making a purchase.
그에게 한번 시도해 보라고 이야기했어.	I told him to **give it a shot**.
한번 시도해 보지 그러니?	Why don't you **give it a shot**?

DAY 42 Bluetooth Earphones 블루투스 이어폰

124 out and about 돌아다니는

많은 사람이 이어폰을 꽂은 채로 돌아다닌다.	A lot of people wear earphones when they are **out and about**.
주말 내내 바깥에 돌아다녔다.	I was **out and about** all weekend.
밤에도 많은 사람이 돌아다니고 있었다.	A lot of people were **out and about** even at night.

125 get worn out 닳다

사용하다 보면 전선이 닳을 수도 있다.	The wires can **get worn out** with use.
그 청바지를 닳도록 입었다.	I wore those jeans until they **got worn out**.
타이어가 닳아서 교환했다.	I replaced my tires because they **got worn out**.

126 juice up 충전하다

무선 제품은 매일 충전해야 된다.	Wireless products have to **be juiced up** every day.
어젯밤에 깜빡하고 휴대 전화를 충전하지 않았다.	I forgot to **juice up** my phone last night.
이어폰을 충전하지 않아서 음악을 들을 수 없었다.	I couldn't listen to music because I hadn't **juiced up** my earphones.

DAY 43 Taste in Music 음악 취향

127 be in the mood for ~할 기분이다

신나는 음악을 듣고 싶을 때가 있다.	There are times when I **am in the mood for** upbeat music.
나 와인이 조금 마시고 싶어.	I am **in the mood for** some wine.
그들은 조금 즐기고 싶어 하는 것 같아.	They are **in the mood for** some fun.

128 carry around 가지고 다니다

나는 휴대 전화를 어디든 들고 다닌다.	I **carry around** my phone everywhere.
나는 그것을 항상 들고 다닌다.	I **carry it around** all the time.
나는 더 이상 지갑을 들고 다닐 필요가 없다.	I don't have to **carry around** my wallet anymore.

129 wherever I am 내가 어디 있든 간에

나는 음악을 원할 때 어디서든 듣는다.	I listen to music **wherever I am**.
나는 원할 때 어디서든 인터넷 서핑을 할 수 있다.	I can surf the internet **wherever I am**.
나는 원할 때 어디서든 넷플릭스에서 영화를 볼 수 있다.	I can watch movies on Netflix **wherever I am**.

DAY 44 K-pop Leads New Korean Pop Culture Wave K-pop 신(新)한류 이끈다

130 make waves 화제가 되다, 큰 호응을 얻다

그룹 블랙핑크는 세계적인 가수들과 협업곡을 내어, 큰 호응을 얻기도 했다.	BLACKPINK **made waves** by collaborating on songs with world-renowned singers.
그들의 결혼식 소식이 뉴스에서 온통 화제였다.	The couple's wedding **made waves** in the news.
그 감독은 첫 작품으로 큰 반향을 일으켰다.	The director **made waves** with her first movie.

131 case in point 대표적인 예

대표적인 예로, 글로벌 실물 음반 시장은 매년 역성장해 왔다.	**Case in point**, the global market for physical records has been shrinking every year.
최근의 사건도 대표적인 예라고 볼 수 있다.	This latest incident is a **case in point**.
SNS에서 볼 수 있는 새로운 트렌드가 그 대표적인 사례이다.	The new trend on social media is a **case in point** of this.

132 pave the way for 길을 닦다, 앞장서다

문화 콘텐츠가 신(新)한류 붐의 견인차 역할을 하고 있다.	Cultural content is **paving the way for** a new Hallyu boom.
그 연구가 암 연구 발전의 새로운 길을 열어 주었다.	The study **paved the way for** new advancements in cancer research.
그 그룹이 많은 아이돌 그룹의 선구자 역할을 했던 것 같아.	I think that group **paved the way for** a lot of boy bands and girl groups.

DAY 45 Boy Bands and Girl Groups 아이돌 그룹

133 understand where someone is coming from 상황을 이해하다

그녀의 마음을 짐작할 수 있다.	I can **understand where she is coming from**.
그가 왜 그러는지 도저히 이해하지 못하겠다.	I really can't **understand where he is coming from**.
그녀와 다투지만 말고, 그녀의 처지를 이해해 보려고 노력해 봐.	Instead of arguing with her, try to **understand where she is coming from**.

134 turn on a dime 급격히 방향을 바꾸다

그녀의 관심사가 급변한다.	Her interests **turn on a dime**.
사람들의 의견은 급격히 방향 전환을 하기도 한다.	People's opinions can **turn on a dime**.
패션 취향은 급격히 변하는 것 같다.	Tastes in fashion seem to **turn on a dime**.

135 keep up (추세를) 따라가다

따라가기가 힘들다.	It's hard to **keep up**.
따라가기가 점점 힘들어지는 것 같아.	I think it's getting harder to **keep up**.
우리는 최신 트렌드를 따라갈 필요가 있어.	We need to **keep up** with the latest trends.

DAY 46 Trot Music 트로트 열풍

136 get off the ground 시작되다

최근의 트로트 열풍은 1년 전에 시작되었다.	The recent trot craze **got off the ground** a year ago.
우리 회사는 이 제품 덕분에 본격적으로 잘되기 시작했다.	Our company really **got off the ground** thanks to this product.
괜찮은 아이디어였는데, 어쩌다 보니 정작 시도조차 되지 않았다.	It was a good idea, but it never really **got off the ground**.

137 the key to something's success 성공의 비결

트로트의 인기 비결은 음악으로 표현이 되는 감정들에 있다.	The emotions expressed by trot music are **the key to its success**.
나는 그 회사의 성공 비결에 관한 책을 읽어봤다.	I read a book about **the key to the company's success**.
효과적인 SNS 전략이 그 음식점의 성공 비결 중 하나였다.	An effective social media strategy was **the key to the restaurant's success**.

138 lift the mood 분위기를 띄우다

각종 잔치에서 흥을 돋우는 데에는 트로트 노래만 한 것이 없다.	Trot songs are great for **lifting the mood** at various celebrations.
내가 분위기를 띄워 보려고 했지만, 쉽지 않았다.	I tried to **lift the mood**, but it wasn't easy.
맛있는 음식 냄새 덕분에 분위기가 밝아졌다.	The smell of delicious food **lifted the mood**.

DAY 47 The Rise of Retro Music 레트로 음악의 유행

139 cover a song 노래를 리메이크하다

90년대 유행했던 곡이 다시 리메이크되고 있다.	Artists are **covering songs** that were hits in the 90s.
그들은 그 노래를 리메이크하면서 뭔가 새로운 요소를 추가했어.	They added something new when they **covered the song**.
내가 가장 좋아하는 가수가 내가 어렸을 때 좋아했던 노래를 리메이크했다.	My favorite singer **covered a song** that I used to like when I was a kid.

140 feel nostalgic 향수에 젖다

복고풍 노래를 들으면 향수에 젖게 된다.	Retro-style songs make me **feel nostalgic**.
나는 이곳에 오면 향수에 젖는 경우가 많아.	I often **feel nostalgic** when I come here.
우리는 술에 취해 옛날이야기를 하며 향수에 젖었다.	We **felt nostalgic** as we got drunk and talked about the past.

141 elbow grease 꾸준한 노력

그들은 꾸준한 노력을 통해 가수나 작곡가가 되었다.	They became singers and composers with a lot of **elbow grease**.
나는 가진 것도 없이 꾸준한 노력만으로 성공했어.	I succeeded with nothing but **elbow grease**.
조금만 고생하면 어렵지 않게 고칠 수 있어.	All you need to fix it is a little **elbow grease**.

DAY 48 Concerts 콘서트

142 hot-ticket 인기 있는

인지도가 높은 가수들이 공연하면 표가 금방 매진된다.	When **hot-ticket** singers hold concerts, the tickets sell out quickly.
그곳은 요즘 인기가 정말 많은 맛집이야.	That place is a **hot-ticket** restaurant these days.
그는 한국에서 최고 인기 배우 중 한 사람이야.	He's one of the biggest **hot-ticket** actors in Korea.

143 score tickets (어렵게) 표를 구하다

표를 구하기가 쉽지 않은 경우도 있다.	**Scoring tickets** can be difficult.
표를 구하려고 해 봤지만, 너무 늦었다.	I tried to **score tickets**, but I was too late.
그 공연 표는 도대체 어떻게 구한 거야?	How did you **score tickets** for that concert?

144 be sold out 매진되다

전 좌석이 매진되었다.	Every last seat **was sold out**.
그 경기 티켓은 전 좌석이 매진되었다.	Tickets for the game **were sold out**.
그 콘서트 표가 모두 매진되었다고 들었어.	I heard that the concert tickets **were sold out**.

DAY 49 Musical Instruments 악기

145 enrich someone's life 삶을 풍요롭게 해 주다

음악은 삶을 풍요롭게 해 준다.	Music **enriches our lives**.
우리는 아들 덕분에 삶이 아주 풍요로워졌다.	Our son has really **enriched our lives**.
단 한 권의 책이 삶을 이토록 풍요롭게 해 줄 수 있는 줄 몰랐다.	I didn't know a single book could **enrich my life** so much.

146 take music lessons 음악 레슨을 받다

나는 어렸을 때부터 음악 레슨을 받았다.	I have **taken music lessons** since I was young.
나는 어릴 때 음악 강습을 받지 않은 것이 후회한다.	I regret not **taking music lessons** when I was young.
음악 강습을 받는 것은 아이들에게 유익할 수 있다.	**Taking music lessons** can be beneficial for children.

147 every chance someone gets 기회가 될 때마다

집에서 틈틈이 기회가 있을 때마다 연습한다.	I practice at home **every chance I get**.
우리는 기회가 될 때마다 만난다.	We meet **every chance we get**.
짬짬이 독서하려고 항상 책을 휴대한다.	I carry a book around so that I can read **every chance I get**.

DAY 50 Pianos 피아노

148 in the home 일반 가정에서

업라이트 피아노는 크기가 더 작아서 가정에서 많이 사용한다.	Upright pianos are smaller, so they are often used **in the home**.
그것을 일반 가정에서 사용하기에는 너무 비싸.	It's too expensive to use **in the home**.
요즘은 일반 가정에서도 식기세척기를 흔히 볼 수 있다.	It's more common to see dishwashers **in the home** these days.

149 pick up steam 가속이 붙다, 인기를 얻다

최근 디지털 피아노가 많은 인기를 얻고 있다.	These days, digital pianos are **picking up steam**.
그 밴드는 2집 앨범부터 본격적으로 인기를 얻기 시작했다.	The band really **picked up steam** with their second album.
프로젝트가 인제야 조금 풀리고 있어.	The project is finally **picking up steam**.

150 hook something up to (전자 기기 등을) ~에 연결하다

디지털 피아노는 전자기기에 연결할 수 있다.	You can **hook digital pianos up to** electronic devices.
이 이어폰은 휴대 전화에 연결하기가 아주 쉬워.	It's really easy to **hook these earphones up to** a phone.
휴대 전화를 블루투스로 자동차 오디오에 연결했다.	I **hooked my phone up to** the car audio via Bluetooth.

DAY 51 Watching Movies 영화 관람

151 whatever is fun 재미있으면 뭐든지

나는 재미있으면 뭐든지 본다.	I just watch **whatever is fun**.
재미있는 것 아무거나 보자.	Let's just watch **whatever is fun**.
동영상에 있어서, 나는 재미있는 것은 무엇이든 클릭해 본다.	When it comes to video clips, I just click on **whatever is fun**.

152 break the record 기록을 갈아치우다

한국 영화들이 흥행 성적 기록을 갈아치우고 있다.	Korean movies are **breaking the record** at the box office.
매출 수치가 지난 분기에 기록을 갱신했다.	Sales numbers **broke the record** last quarter.
그가 기록을 깰 수 있다고 생각하니?	Do you think he can **break the record**?

153 bring a lot of benefits 여러 혜택을 가져오다

영화 산업은 경제에 여러 혜택을 가져온다.	The movie industry **brings a lot of benefits** for the economy.
새로운 정책은 서민층 가정에 많은 혜택을 가져다준다.	The new policy **brings a lot of benefits** for working class families.
그것이 여러 혜택을 가져온다고 생각하지는 않는다.	I do not think it **brings a lot of benefits**.

DAY 52 Movie Genres 영화 장르

154 heartwarming 감동적인, 마음이 따뜻해지는

어떤 사람들은 마음이 따뜻해지는 감동적인 영화를 좋아한다.	Some people like **heartwarming** movies.
그녀는 내게 감동적인 책을 선물했다.	She gave me a **heartwarming** book as a gift.
이야기가 너무 감동적이어서 나는 울고 말았다.	The story was so **heartwarming** that it made me cry.

155 a change of pace 기분 전환

사람들은 웃으며 영화를 즐기며 기분 전환할 수 있다.	People can experience **a change of pace** by simply laughing and enjoying a movie.
기분 전환을 위해 산책을 했다.	I went for a walk for **a change of pace**.
그녀는 기분 전환이 필요할 때 여행을 즐긴다.	When she needs **a change of pace**, she likes to travel.

156 suit one's taste(s) ~의 취향에 맞다

사람들은 각자 취향에 맞는 영화를 선택할 수 있다.	People can choose the movies that **suit their tastes**.
매운 음식을 좋아하지 않는다면 이 음식점은 네 취향에 맞지 않을 것이야.	If you don't like spicy food, this restaurant won't **suit your taste**.
사람들은 각자 취향에 맞춰 서로 다른 상점에서 쇼핑한다.	People shop at different stores depending on what **suits their tastes**.

DAY 53 Action Heroes 액션 히어로

157 have a good heart 마음이 선하다

그는 외모가 출중하고, 마음이 선하다.	He is very good-looking and **has a good heart**.
그렇게 보이지는 않지만, 사실 그는 마음이 선해.	He doesn't seem like it, but he **has a good heart**.
나는 마음이 선한 사람과 결혼하고 싶어.	I want to marry someone who **has a good heart**.

158 crack someone up 크게 웃게 하다, 빵 터지다

그것 때문에 나는 여러 번 크게 웃었다.	It **cracked me up** many times.
이 영상 처음 봤을 때 정말 크게 웃었어.	This video **cracked me up** when I first saw it.
그는 농담으로 항상 나를 웃게 해준다.	He always **cracks me up** with his jokes.

159 killer 끝내주는

정말 대박 영화였던 것 같다.	I think it was a **killer** movie.
새 앨범에 끝내주는 곡이 있어.	The new album contains a **killer** song.
그 음식점은 후식이 아주 끝내줘.	That restaurant serves some **killer** desserts.

DAY 54 Korean Movies 한국 영화

160 take home the prize 상을 받다, 수상하다

우리나라 영화들이 세계적인 영화제에서 상을 받고 있다.	Korean movies have **taken home prizes** at world-famous global movie awards.
그 배우가 수상할 것이라고 알고 있었어.	I knew that actor would **take home the prize**.
팀워크 덕분에 우리 팀이 수상했다.	Our team **took home the prize** thanks to our teamwork.

161 artistic merit 작품성, 예술적 가치

작품성뿐만 아니라 내용도 재미있다.	In addition to **artistic merit**, they are also fun to watch.
신나는 영화지만, 예술적인 가치는 거의 없어.	It's an exciting movie, but it has almost no **artistic merit**.
이 책은 작품성이 떨어지는 것 같아.	I don't think this book has much **artistic merit**.

162 do well at the box office 흥행에 성공하다

상업적으로 성공을 거두는 영화들도 많다.	Many movies are **doing well at the box office**.
우리는 그 영화가 흥행에 성공해서 놀랐어.	We were surprised that the movie **did well at the box office**.
수년간 슈퍼히어로 영화들이 흥행에 성공해 왔다.	Superhero movies have **done well at the box office** for several years.

DAY 55 *Parasite*: Academy Awards 영화 〈기생충〉 아카데미 수상

163 make history 역사를 새로 쓰다

한국 영화 기생충이 아카데미 시상식 4개 부문에서 수상하면서 영화계 역사를 새로 썼다.	The Korean movie *Parasite* **made** cinema **history** by winning 4 Oscars.
한국 축구 국가 대표팀은 2002년에 역사를 새로 썼다.	The Korean national soccer team **made history** in 2002.
그 제품을 발매하면서 그 기업은 역사를 새로 썼다.	The company **made history** by releasing that product.

164 create a lot of hype 숱한 화제를 일으키다

영화는 많은 화제를 일으켰다.	The movie **created a lot of hype**.
아카데미 시상식은 매년 많은 화제를 일으킨다.	The Academy Awards **creates a lot of hype** every year.
그 스캔들이 실제로 크게 화제가 되었다.	The scandal actually **created a lot of hype**.

165 look forward to 기대하다

그의 다음 작품들이 기대된다.	I **look forward to** watching his future movies.
앞으로 더 자주 보게 되면 좋겠어요.	I **look forward to** seeing you more often.
제주도에는 가 본 적이 없어서 정말 기대돼.	I've never been to Jeju Island before, so I'm really **looking forward to** it.

DAY 56 Watching Movies at Home 집에서 영화 관람

166 catch a movie 영화를 보다

요즘은 영화관에 가지 않고도 집에서 영화를 쉽게 볼 수 있다.	These days, it's easy to **catch a movie** at home without having to go to a theater.
내일 영화 보러 갈래?	Do you want to **catch a movie** tomorrow?
요즘은 영화 한 편 볼 시간조차 없어.	I don't even have time to **catch a movie** these days.

167 to one's heart's content 마음껏, 얼마든지

매월 얼마 되지 않는 이용료를 내고 영화를 마음껏 볼 수 있다.	I only have to pay a small monthly fee to watch movies **to my heart's content**.
어젯밤 마음껏 노래를 불렀어.	I sang **to my heart's content** last night.
다이어트 중이지만 일주일에 한 번은 마음껏 먹는다.	I'm on a diet, but I eat **to one's heart's content** once a week.

168 save the trouble of 수고를 덜어주다

이런저런 영화를 매번 검색해 봐야 하는 수고를 덜어 준다.	It **saves the trouble of** having to look up movies again and again.
모바일 뱅킹을 이용하면 수고스럽게 은행에 갈 필요가 없다.	Mobile banking **saves the trouble of** going to the bank.
밤에 샤워하면 더 일찍 일어나야 하는 수고를 덜 수 있다.	Taking a shower at night **saves the trouble of** waking up earlier.

DAY 57 Movie Theaters 영화관

169 be all over the place 여기저기 흔히 있다

요즘은 사방에 영화관이 있다.	Movie theaters **are all over the place** these days.
한국에서는 커피숍을 여기저기 흔히 볼 수 있다.	Coffee shops **are all over the place** in Korea.
요즘은 저런 모자를 쓴 사람이 아주 많이 보인다.	People wearing that kind of hat **are all over the place** these days.

170 leg-room 좌석의 앞뒤 간격

좌석도 편하고, 좌석 앞뒤 간격도 넓다.	They have comfy seats with a lot of **leg-room**.
비행기 좌석 앞뒤 간격이 좀 더 넉넉하면 좋겠어.	I wish seats on planes had more **leg-room**.
새 차는 좌석의 앞뒤 간격이 충분해.	There's lots of **leg-room** in my new car.

171 on a whim 즉흥적으로

즉흥적으로 영화를 보러 가게 되는 일도 있다.	People sometimes go to watch movies **on a whim**.
저 음식점에 처음에 그냥 즉흥적으로 가봤어.	I first went to that restaurant **on a whim**.
이 새 책을 즉흥적으로 샀어.	**On a whim**, I bought this new book.

DAY 58 Ticket Prices for Movies 영화표 가격

172 screening time 상영 시간
late night screenings 심야 상영

상영 시간에 따라 표 가격이 다르다.	The ticket price depends on the **screening time**.
그 영화 상영 시간 다시 확인해 볼게.	Let me double-check the **screening time** for the movie.
푯값은 심야 상영 시간대가 가장 비싸다.	Tickets are most expensive for **late night screenings**.

173 have a good view of ~이 잘 보이다

비싼 좌석에서는 화면이 잘 보인다.	Expensive seats **have a good view of** the screen.
이 카페에서는 시내 전경이 잘 보인다.	This café **has a good view of** the city.
호텔 객실에서 해변이 잘 보인다.	Our hotel room **had a good view of** the beach.

174 pay through the nose 큰 비용을 내다

표를 사려면 큰 비용을 내야 한다.	You have to **pay through the nose** for tickets.
공항에서 식사해서 많은 비용을 내야 했다.	We had to **pay through the nose** when we ate at the airport.
관광객은 바가지요금을 내는 경우가 꽤 많아.	Tourists often end up **paying through the nose**.

DAY 59 Movie Snacks 영화 간식

175 choose whatever flavor you want 원하는 맛은 무엇이든 고르다

원하는 맛은 무엇이든지 고를 수 있다.	You can **choose whatever flavor you want**.
무엇이든 원하는 맛을 골라서 본인만의 아이스크림을 만들어 보세요.	**Choose whatever flavor you want** to make your own ice cream.
네가 원하는 맛은 무엇이든 고를 수 있다고 그랬어.	They said you could **choose whatever flavor you want**.

176 all sorts of beverages 각종 음료수

거기에서는 각종 차가운 음료, 뜨거운 음료를 모두 판매한다.	They sell **all sorts of beverages** both hot and cold
각종 음료수 중에서 선택할 수 있다.	You can choose from **all sorts of beverages**.
이 카페는 각종 음료수를 판다.	The café sells **all sorts of beverages**.

177 go best with ~와 가장 잘 어울리다

탄산음료는 극장에서 파는 간식들과 가장 잘 어울린다.	Soft drinks **go best with** snacks at theaters.
고기는 레드 와인과 가장 잘 어울린다.	Meat **goes best with** red wine.
치킨이 맥주랑 가장 잘 어울리는 것 같아.	I think fried chicken **goes best with** beer.

DAY 60 Drive-in Theaters 자동차 극장

178 adjust the radio 라디오를 조작하다, 주파수를 맞추다

차 안에서 라디오 주파수를 맞추면, 영화 음성이 들린다.	You can hear the movie's audio by **adjusting the radio** in the car.
운전 중에 라디오를 조작하는 것은 위험하다.	It's dangerous to **adjust the radio** while driving.
라디오 주파수를 맞추지 그래?	Why don't you **adjust the radio**?

179 munch on (간식 등을) 먹다

영화를 보면서 가벼운 간식을 먹을 수 있다.	You can **munch on** snacks while you watch the movie.
영화를 볼 때는 팝콘을 즐겨 먹는다.	I like to **munch on** popcorn while I watch a movie.
사탕을 먹는 것이 담배를 끊는데 도움이 됐어.	**Munching on** candy helped me quit smoking.

180 be mindful of 신경 쓰다, 배려하다

다른 사람들을 신경 쓰지 않아도 된다.	You don't have to **be mindful of** others.
공부하려는 사람들을 좀 배려해 주세요.	Please **be mindful of** people who are trying to study.
나는 운이 따르지 않은 사람들을 배려하려고 노력했다.	I tried to **be mindful of** people who were less lucky.

EBS
영어 학습
시 리 즈